Noch mehr Lust auf Rheinhessen

100 neue Rezepte der Weingüter

Noch mehr Lust auf Rheinhessen

100 neue Rezepte der Weingüter

Mit einem Vorwort und Weinempfehlungen
von Sonja Ostermayer

Herausgegeben von Angelika Schulz-Parthu

LEINPFAD
VERLAG

Umschlag: kosa-design, Ingelheim
Fotos: S. 8 und alle Rezeptfotos: David Hall, Frankfurt
Alle anderen Fotos: Heinz-Egon Rösch, Mainz

Satz: Leinpfad Verlag
Druck: TZ Verlag & Print GmbH, Roßdorf bei Darmstadt

Leinpfad Verlag, Leinpfad 5, 55218 Ingelheim,
Tel. 06132/8369, Fax: 896951
E-Mail: info@leinpfadverlag.de
www.leinpfad-verlag.de

ISBN 3-937782-11-7

Inhalt

Vorwort

Nachdem das erste Kochbuch „Lust auf Rheinhessen" ein riesiger Erfolg geworden ist, hat Angelika Schulz-Parthu mit „Noch mehr Lust auf Rheinhessen" eine zweite Sammlung regionaltypischer Rezepte aufgelegt, die als Fortsetzung, als Steigerung oder einfach als Einladung verstanden werden darf, sich

Hannelore Gaide und Marlene Jacobi-Ewerth habe in der Versuchsküche des Dienstleistungszentrums ländlicher Raum (DLR) in Oppenheim die Rezepte für die Fotos nachgekocht..

über gut nachkochbare regionaltypische Gerichte einen genüsslichen Zugang zu einer Region zu verschaffen, die bekannt ist für eine lange Weintradition, eine große Experimentierfreude, ein enormes Innovationspotential und klasse Weiß- und Rotweine.
Überall dort, wo es um Wein geht, wird gerne und gut gekocht. Was die Küche Rheinhessens auszeichnet, ist ihre Bodenständigkeit, aber auch ihre Offenheit und Kreativität. Und

das kommt nicht von ungefähr!
Rheinhessen besteht in seiner heutigen Form und Ausdehnung erst seit Beginn des 19. Jahrhunderts, als diese Region im Rahmen des Wiener Kongresses dem rechtsrheinischen Großherzogtum Hessen-Darmstadt zugeordnet wurde. Bis dahin war die Region zeitweise stark zergliedert, war geprägt vom geistlichen Kurstaat des Mainzer Erzbistums im Norden und der Zugehörigkeit zur Kurpfalz im Süden und war vom Ende des Dreißigjährigen Krieges bis zum Beginn des 19. Jahrhunderts bestimmt durch die Politik Frankreichs. Aus dieser Zeit rühren die Verfärbungen in der Sprache der Rheinhessen bis in die heutige Zeit, aber auch die französischen Verfärbungen in der rheinhessischen Küche. Anlehnungen an die italienische Küche stehen für die Ungezwungenheit und Lebenslust der Menschen in Rheinhessen. Allen Rezepten gemeinsam sind Zutaten aus dem heimischen Gemüse- und Kräutergarten, aus der heimischen Landwirtschaft und den heimischen Kellern. Der Wein ist in Rheinhessen eine wichtige Kultur, aber auch in der Küche eine unverzichtbare Zutat geworden.
Viele Rezepte sind alte überlieferte Rezepte, die ihre eigene Tradition haben und von der Zeit künden, als der klassisch landwirtschaftliche Betrieb in Rheinhessen weit verbreitet war. Andere Rezepte sind angelehnt an Ideen aus der Nouvelle Cuisine und wieder andere Rezepte entsprechen einfach dem Prädikat „deftig und lecker".
Der Bogen in diesem Kochbuch ist weit gespannt. Sie finden Klassiker wie den Fasan in Spätburgunder, kreative Kräutergerichte, Deftiges zur Weinprobe, aber auch weinige Desserts und Süßspeisen. Ja, selbst beim Kuchenbacken lassen sich die Weine aus Rheinhessen hervorragend einsetzen.
Verstehen Sie den zweiten Kochband aus Rheinhessen als ein neues Selbstverständnis von heimischer Küche und heimischen Weinen in Rheinhessen. Lassen Sie sich anstecken von der Begeisterung vieler Winzerinnen und Winzer, die mit einem großen Bewusstsein für ihre Region Jahr für Jahr hervorragende Weine präsentieren, die sich einer eigenen oder besser gesagt: ihrer regionalen Lebensart besinnen und mit viel Zeitgeist die Tradition ihrer Väter fortsetzen. Und lassen Sie sich einladen von all den Winzerinnen und Winzern, die ihre besten Rezepte aufgeschrieben haben, Rheinhessen, seine Weine, seine Landschaft und seine Leute kennen zu lernen!
Natürlich immer bei einem guten Glas Wein.
Auf Ihr Wohl!

Sonja Ostermayer

Weinbergsturm bei Stadecken.

Basilikum-Torte

Für 6-8 Personen:
500 g Mascarpone
200 g Doppelrahm-Frischkäse
2 Knoblauchzehen
Salz, frisch gemahlener weißer Pfeffer
etwas Zitronensaft
3 Bund Basilikum
ca. 8 Scheiben Appenzeller

Mascarpone, Frischkäse und zerdrückten Knoblauch gut verrühren. Mit Salz, Pfeffer und Zitronensaft abschmecken. Die Basilikumblätter in Streifen schneiden. Eine Kastenform (Fassungsvermögen 1 Liter) mit Klarsichtfolie auslegen und überhängende Folienränder außen an der Form „festkleben", damit die Folie nicht verrutscht.
Den Boden der Form mit Käsescheiben auslegen. Ein Drittel der Mascarponecreme in die Form geben und mit einem in Wasser getauchten Löffel glattstreichen. Ein Drittel des Basilikums einschichten. Weiter abwechselnd Mascarponecreme und Basilikum einfüllen, bis die Zutaten verbraucht sind. Die obere Schicht bilden zwei Käsescheiben. Form abgedeckt mindestens 2 Stunden in den Kühlschrank stellen. Basilikum-Torte aus der Form stürzen, die Folie abziehen und in Scheiben schneiden.

Jutta Ahl, Weingut Bert Wechsler Erben, Osthofen

Weinempfehlung:
Silvaner trocken Selection Rheinhessen oder gereifter Riesling feinherb vom Roten Hang

Die Kastaniensuppe mit einem Hauch Zimt ist genau die richtige Vorspeise für ein Herbst-Menü.

Kastaniensuppe

Für 4 Personen:
1/2 Stange Lauch
50 g Sellerie
1 EL Butter
500 g Kastanien (Maronen), gegart und geschält (aus der Vakuumpackung)
1 l Fleischbrühe
1 Becher Crème fraîche
1 Brühwürfel
1 Prise Zimt
Salz, Pfeffer
etwas Kresse

Den Lauch in feine Ringe und den Sellerie in kleine Würfel schneiden, in der Butter andünsten, die klein geschnittenen Kastanien zugeben. Brühe, Crème fraîche und Gewürze zugeben und ca. 15 Minuten kochen lassen. Danach mit dem Schneidstab pürieren und abschmecken.
Mit etwas Kresse und gehackten Kastanien garniert in Suppentassen oder Suppentellern servieren.

Ulrike Wechsler-Engel, Weingut Wechsler-Engel, Flörsheim-Dalsheim

Weinempfehlung:
Grauburgunder trocken, gereifter Riesling trocken

Spargel-Mascarpone-Suppe

Für 4 Personen:
500 g weißer Spargel
250 g grüner Spargel
Salz, Zucker
4 EL Mascarpone
4 EL Butter
Maisstärke (Maizena)
Pfeffer, Erdnussöl (oder ein anderes Öl)
eventuell Kräuter wie Kerbel

Den Spargel schälen, die harte Enden wegschneiden, Spargel in Stücke schneiden. In Wasser mit Salz und einer Prise Zucker bissfest kochen. Spargel aus dem Fond heben. 3/4 l des Spargelfonds mit Mascarpone aufkochen, durch Einrühren von ein wenig in Wasser angerührter Maisstärke binden.
Die Butter und einen Schuss Erdnussöl einmixen, mit Salz und Pfeffer abschmecken. Als Einlage die Spargelspitzen geben, mit Kräutern bestreuen.

Edmunde Baier-Falger, Weingut Falger-Baier, Gimbsheim

Weinempfehlung:
Silvaner Spätlese trocken

Spargelkuchen mit Speck

Für 4 Personen:
800 g weißer Spargel
Salz, Zucker
1 TL Butter
450 g Blätterteig, tiefgekühlt
150 g geräucherter Speck
130 g Mozzarella
3 Eier
120 ml Sahne
3 cl trockener Weißwein
frisch gemahlener Pfeffer
1 TL Fleischbrühe
1 EL fein gehackter Schnittlauch

Den Spargel schälen, holzige Enden entfernen, Spargelstangen in 2 cm große Stücke schneiden. In kochendem Salzwasser mit einer Prise Zucker und Butter 15 Minuten garen, herausnehmen und abtropfen lassen.
Aufgetaute Blätterteigscheiben übereinander legen, auf einer mit Mehl bestäubten Fläche in Größe der Spargelform ausrollen, in die Springform geben und den Teigrand ca. 4 cm hoch fest drücken. Spargel auf den Teig geben. Den Speck (Dörrfleisch) in Streifen schneiden, etwas in der Pfanne anrösten, den Mozzarella in dünne Scheiben schneiden. Spargel mit Speck und Mozzarella belegen, im vorgeheizten Backofen bei 220 Grad (Gas Stufe 5, Umluft 200 Grad) ca. 10 Minuten backen. Eier mit Sahne verquirlen, mit Weißwein, Salz und Pfeffer, etwas Zucker und der Fleischbrühe gut verrühren. Diese Sahnemischung über den Kuchen gießen, mit Schnittlauch bestreuen und weitere 25 Minuten backen.

Birgitt Bettenheimer, Weingut Bettenheimer, Ingelheim

Weinempfehlung:
Riesling Spätlese feinherb

Ziegenkäsestand auf dem Mainzer Wochenmarkt.

Spargel-Pilz-Gratin

Für 4 Personen:
1 kg grüner Spargel
1/4 l Weißwein
Salz
1 Prise Zucker
80 g Butter
2 Zitronenscheiben
500 g Champignons
125–150 g gekochter Schinken
125 g Gruyère Käse
gehackte Petersilie

Den Spargel waschen, die Enden dünn abschälen und gleichmäßig kürzen.
In einem Topf den Weißwein mit Salz, Zucker, 1 TL Butter und den Zitronenscheiben zum Kochen bringen. Spargel hinzugeben und zugedeckt bei mittlerer Hitze in 8-10 Minuten bissfest garen. Die Champignons putzen, in Scheiben schneiden, Schinken würfeln, Käse reiben. Den Spargel gut abtropfen lassen. Etwas Butter in einer Pfanne aufschäumen, den Spargel darin andünsten, mit Salz, Pfeffer und Petersilie würzen und herausheben.
Restliche Butter in der Pfanne erhitzen, die Pilze darin anbraten und mit dem Schinken vermischen. Die Hälfte des Spargels in eine länglichen Auflaufform legen, darauf die Pilz-Schinken-Mischung geben und obenauf den restlichen Spargel. Den Gratin mit Käse bestreuen und 20 Minuten bei 200 Grad (Gas Stufe 4, Umluft 180 Grad) knusprig gratinieren.

Gabriele Weber, Weingut R. Weber, Fürfeld

Weinempfehlung:
Weißburgunder Spätlese trocken

Brokkoli-Quark-Torte

Für 4-6 Personen:
700 g Brokkoli
500 g Magerquark
200 g Crème fraîche
4 Eier
3 EL Mehl
1 EL Senf
180 g Gorgonzola Käse

Sauce:

4 EL Sauerrahm
4 EL Joghurt
2 EL Crème fraîche
1-2 Kräuterlinge und Knoblauch nach Geschmack

Den Brokkoli klein schneiden, in Salzwasser 2 Minuten blanchieren, kalt abschrecken und abtropfen lassen. Quark, Crème fraîche, Eier, Mehl, Senf und den Käse miteinander verrühren, mit Salz und Pfeffer würzen. Eine Springform fetten, den Brokkoli mit der Quarkcreme vermengen, in die Springform füllen und bei 175 Grad (Gas Stufe 3, Umluft 150 Grad) 45 Minuten backen.
Dazu passt die Sauce aus Sauerrahm, Joghurt, Crème fraîche, Knoblauch und Kräutern.

Margitt Lahr, Weingut Rolf Lahr, Offstein

Weinempfehlung:
Silvaner Spätlese trocken oder Grauburgunder Spätlese trocken

Grüner und weisser Spargel mit Radicchio und Parmaschinken

Für 4 Personen:
300 g weißer Spargel
100 g grüner Spargel
75 g Radicchio
3 EL Apfelessig
3 EL Apfelsaft
Salz, frisch gemahlener Pfeffer
1 TL Öl
2 EL Parmesankäse, gehobelt
4 Scheiben Parmaschinken

Den Spargel waschen, holzige Enden abschneiden, schälen (den grünen Spargel nur im unteren Drittel), in 2-3 cm große Stücke schneiden und in kochendem Salzwasser ca. 8 Minuten lang (grüner Spargel) bzw. 15 Minuten lang (weißer Spargel) garen. Dann herausnehmen und abtropfen lassen. Radicchio putzen, waschen, in schmale Streifen schneiden und mit dem Spargel mischen. Apfelessig, Apfelsaft, Pfeffer, Salz und Öl zu einer Marinade verrühren und über den Salat gießen, vorsichtig vermischen. Portionsweise mit dem gehobelten Parmesankäse bestreuen und mit Parmaschinken anrichten. - Dazu kann man Baguette reichen.

Birgitt Bettenheimer, Weingut J. Bettenheimer, Ingelheim

Weinempfehlung:
Riesling halbtrocken oder Silvaner Spätlese trocken

Die Niersteiner Warte mit einem blühenden Pfirsichbäumchen.

Spargel mit Radieschenvinaigrette und Schinkenmousse

Für 4 Personen:
800 g Spargel
Salz, Zucker
4 Radieschen
100 ml Spargelfond
25 ml Rotweinessig
12 ml Öl
Salz, Pfeffer, Zucker
300 g gekochter Schinken
100 g Crème fraîche
100 g Sahne, geschlagen
Salz, Pfeffer
1 Blatt Gelatine
etwas Kerbel
etwas Zitronensaft

Den gewaschenen und geschälten Spargel mit Salz und Zucker kochen, abgießen, dabei 100 ml Kochwasser auffangen, auskühlen lassen (am besten in eiskaltem Wasser). Den Spargelfond, Essig, Öl, Salz, Pfeffer und Zucker zu einer Vinaigrette verrühren. Die Radieschen in feine Stifte schneiden. Den Kerbel grob hacken.
Für die Mousse den Schinken mit dem Schneidstab fein pürieren. Die Gelatine in kaltem Wasser einweichen, in etwas heißer Sahne auflösen und zusammen mit der Crème fraîche unter den Schinken rühren, dann die geschlagene Sahne unterheben und das Ganze abschmecken. Eventuell etwas Zitronensaft zugeben. Im Kühlschrank mindestens 2 Stunden ruhen lassen.
Zum Anrichten die Spargel auf die Teller verteilen, die Radieschenstifte und den Kerbel mit der Vinaigrette mischen und auf die Spargel verteilen. Vom Schinkenmousse Nocken abstechen und an die Spargel anlegen.

Annette Grittmann, Weingut Grittmanhof, Osthofen

Weinempfehlung:
Riesling Spätlese feinherb

Kerbelsuppe

Für 4 – 6 Personen:
1 dicke Stange Porree
350 g Kartoffeln
50 g Butter
50 g gehackter Kerbel
1 l Hühnerbrühe
Saft von 1/2 Zitrone
1 EL Weinessig
Salz und Pfeffer
1/8 l Sahne, geschlagen
einige Kerbelblätter zum Garnieren

Den Porree waschen und in Scheiben schneiden; die Kartoffeln waschen, schälen, in Scheiben schneiden. Die Butter erhitzen und den Lauch gut darin andünsten, die Kartoffeln und den Kerbel zugeben und mit Brühe auffüllen. Die Suppe 20 Minuten kochen, dann kurz abkühlen lassen, mit dem Schneidstab pürieren, mit Zitronensaft, Essig, Salz und Pfeffer abschmecken. Die Suppe mit je einem Esslöffel geschlagener Sahne und einigen Kerbelblättchen servieren.

Marlene Jacobi-Ewerth, DLR Rheinhessen-Nahe-Hunsrück, Oppenheim

Weinempfehlung:
RS Rheinhessen Silvaner trocken

Käsesuppe mit Hackfleischbällchen

Für 4 Personen:
2 EL Butter
2 EL Mehl
3/4 l Gemüsebrühe
200 g Erbsen, TK
150 g Schmelzkäse
Salz, Pfeffer
200 g Hackfleisch
1 kleine Zwiebel, fein gehackt
1 Ei
Salz, Pfeffer
Crème fraîche, Schnittlauch

Butter und Mehl hell anschwitzen, mit der Gemüsebrühe aufgießen und aufkochen lassen. Die Erbsen zugeben und ca. 5 Minuten sieden lassen. Den Schmelzkäse zugeben, auflösen und nicht mehr kochen lassen. Mit Salz und Pfeffer abschmecken.
Für die Hackfleischbällchen das Hackfleisch mit der Zwiebel, dem Ei, Salz und Pfeffer gut vermischen und kleine Klößchen formen; in der Suppe 5 bis 10 Minuten ziehen lassen. Mit Crème fraîche und Schnittlauch anrichten.

Annette Zöller, Weingut Zöller, Eckelsheim

Weinempfehlung:
Rivaner trocken oder Riesling feinherb

Die Käseterrine lässt sich gut vorbereiten und schmeckt sowohl als Vorspeise wie auch zu einem Glas Wein.

„Diese Käseterrine gibt's immer in unserer Straußwirtschaft", schreibt Heike Dettweiler zu diesem Rezept.

Käseterrine

12 Scheiben Greyezer à 20 g
250 g Blauschimmel-Käse
500 g Elsässer Winzerkäse
500 g Mascarpone

Eine Terrinenform (1,5 l Inhalt) mit den Greyezer-Scheiben auslegen und an die Seitenwände stellen. Die Hälfte des Winzerkäses mit der Gabel zerdrücken und gleichmäßig auf den Greyezer-Scheiben verteilen. Als nächste Schicht die Hälfte des Blauschimmel-Käses zerdrücken und verteilen. Anschließend die Hälfte der Mascarpone darüberstreichen und andrücken. Die gleiche Reihenfolge noch einmal wiederholen. Die Mascarpone-Schicht mit den restlichen Greyezer-Scheiben belegen. Danach die Terrinenform mit Klarsichtfolie abdecken und am nächsten Tag stürzen.

Heike Dettweiler, Weingut Dätwyl, Wintersheim

Weinempfehlung:
Gewürztraminer Spätlese trocken oder Gewürztraminer Selection Rheinhessen trocken

Bärlauchcreme-Suppe mit Schwarzbrotwürfeln

Für 4 Personen:
100 g Schalotten
1/2 Zehe Knoblauch
20 g Speisestärke
250 g Gemüsebrühe
400 g Sahne
350 g frischer Bärlauch
Salz, Pfeffer
1/8 l Sahne, geschlagen

Für die Schwarzbrotwürfel:
300 g Schwarzbrot
Butter oder Butterschmalz
Salz, Weißen Pfeffer

Schalotten und Knoblauch andünsten. Die Speisestärke dazu geben, unter ständigem Rühren mit der Brühe aufgießen und aufkochen lassen. Danach die flüssige Sahne dazu geben und ca. 10 Minuten leicht köcheln lassen.
Kurz vor dem Servieren den gewaschenen Bärlauch - 4 schöne Bärlauchblätter zum Anrichten auf die Seite legen - zur Suppe geben und nochmals aufkochen lassen. Die Suppe mit dem Schneidstab pürieren, durch ein feines Sieb passieren und mit Salz und Pfeffer abschmecken.
Das Schwarzbrot in gleichmäßige Würfel mit 1 cm Kantenlänge schneiden. Butter oder Butterschmalz in einer Pfanne erhitzen, die Brotwürfel dazugeben und goldbraun braten. Zum Schluss mit Salz und Pfeffer abschmecken.
Die Suppe in tiefen Tellern mit etwas geschlagener Sahne, den Schwarzbrotwürfeln und einem Bärlauchblatt servieren.

Jörg Erbenich, Weingut Erbenich, Gau-Bickelheim

Weinempfehlung:
Weißburgunder trocken

Durch den frischen Borretsch, der ja ein bisschen an Salatgurken erinnert, bekommt dieser Camembertsalat eine ganz eigene Note; man kann natürlich auch andere Kräuter nehmen: ausprobieren!

Camembert-Salat mit frischen Kräutern

Für 4 Personen:
250 g Camembert (30 % Fett)
3 EL Essig
Salz
Zucker
gemahlener Pfeffer
1 TL Senf
1 EL Wasser
1 zerkleinerte Knoblauchzehe
6 EL Sonnenblumenöl
einige Tropfen Borretschöl
Borretschblätter, Borretschblüten

Den Camembert in kleine Würfel schneiden; den Essig mit Wasser, Knoblauch, den Gewürzen und dem Öl mit dem Pürierstab zu einer cremigen Sauce mixen. Den Camembert mit der Sauce mischen und durchziehen lassen.
Einen tiefen Suppenteller mit Borretschblättern auslegen, den Salat darauf anrichten und mit Borretschblüten bestreuen. Dazu schmeckt Vollkornbrot (z.B. Sonnenblumenbrot) oder knuspriges Baguette.

Helga Schmitt, Weingut Harald Schmitt, Schwabenheim

Weinempfehlung:
Grauburgunder trocken

Deftiger Rosenkohlsalat

Für 4 Personen:
500 g Rosenkohl
4 Eier
100 g Dörrfleisch
2 Zwiebeln
3 EL Öl
2 EL Rotweinessig
1 EL Senf
30 g Reibekäse
Salz, Pfeffer

Den Rosenkohl putzen, waschen und in Salzwasser ca. 15 Minuten garen. Die Eier mittelhart kochen, pellen und in Würfel schneiden. Das Dörrfleisch und die Zwiebeln fein würfeln und in 2 EL Öl anbraten.
Rotweinessig, Senf und 1 EL Öl zum Speck-Zwiebel-Gemisch geben und den abgetropften Rosenkohl darin wenden.
Eierwürfel und Reibekäse, etwas Salz und Pfeffer darüber streuen und lauwarm servieren.

Hans-Friedrich Kitzer, Weingut Kitzer, Badenheim

Weinempfehlung:
Riesling feinherb

Krautsalat

Für 6 Personen:
1 kg Weißkraut
1/2 TL Kümmel
1/2 TL Salz
Pfeffer
1 TL süßer Senf
2 EL Essig
150 g Dörrfleisch, gewürfelt

Deckblätter des Weißkrauts entfernen; das Weißkraut fein hobeln und stampfen, bis das Kraut weich ist. Für die Salatsauce Kümmel, Salz, Pfeffer, Senf und Essig verrühren und mit dem Kraut vermischen, ca. 2 Stunden ziehen lassen. Vor dem Anrichten das Dörrfleisch in der Pfanne auslassen und ohne das Fett über den Salat geben und abschmecken.

Anne Hamm, Weingut Hamm, Ingelheim

Weinempfehlung:
Silvaner trocken oder Riesling feinherb

Forellenmousse mit Kresse

Für 4 Personen:
4 Forellenfilets
2 EL Schmand
eventuell etwas süße Sahne
1/2 TL Meerrettich (aus dem Glas)
Pfeffer, Salz
etwas Zitronensaft
Kresse

Alle Zutaten zusammen im Mixer zerkleinern und so viel süße Sahne zugeben, dass eine geschmeidige Masse entsteht. Die Forellenmousse kalt stellen. Zum Servieren mit einem Esslöffel Nocken abstechen und mit Kresse garnieren. Dazu passt Pumpernickel oder auch französisches Weißbrot.

Nanne Schätzel, Weingut Schätzel, Nierstein

Weinempfehlung:
Silvaner Spätlese trocken oder gereifter Riesling vom Roten Hang

Die Rauke ist inzwischen unter ihrem italienischen Namen Rucola sehr bekannt geworden, aber sie wächst auch hier, sogar wild - kann also gesammelt werden - und hat einen intensiv-würzigen Geschmack.

Kartoffelsalat mit Rauke

Für 6-8 Personen:
500 g festkochende Kartoffel
100 ml Gemüsebrühe
1-2 EL mittelscharfer Senf
3 EL Weinessig
Salz, Pfeffer
etwas Kümmel
1 EL Korianderkörner
200 g Weißkraut
80 g Zwiebel
3-5 EL natives Olivenöl
80 g Schafsfrischkäse
2 EL in Olivenöl eingelegte Kapern
6-8 EL Raukeblätter

Kartoffeln mit Schale dämpfen, abdampfen lassen, schälen und etwas abgekühlt in dünne Scheiben schneiden. Erhitzte Gemüsebrühe mit Senf, Essig, Salz, Pfeffer, im Mörser zerstoßenem Koriander und Kümmel verrühren, mit den Kartoffelscheiben mischen, 30 Minuten ziehen lassen. Weißkraut in dünne Scheiben schneiden (das geht gut mit der elektrischen Brotschneidemaschine), die Zwiebel würfeln. Das Weißkraut in einer Pfanne mit 1 EL Olivenöl rundum leicht anbraten, dabei ständig rühren. Die Zwiebel zugeben und ebenfalls anbraten. Schafskäse zerkrümeln oder in kleine Würfel schneiden, Kapern je nach Größe halbieren. Weißkraut, Schafskäse, Kapern und 2 EL ÖL zu den Kartoffeln geben, vorsichtig mischen, die Rauke unterheben und kräftig abschmecken.
Aus frischen Kartoffeln gemacht, ist dieser Kartoffelsalat ein besonderer Genuss.

Liesel Schmitt, Weingut Axel Schmitt, Ober-Hilbersheim

Weinempfehlung:
Silvaner Spätlese trocken

Knackiger Herbst-Salat mit blauen und weißen Trauben und Walnüssen.

Herbst-Salat

Für 8 Personen:
1 Kopfsalat
500 g Edamer
ca. 500 g blaue und weiße Weintrauben
75 g Walnüsse, gehackt
100 ml frisch gepresster Zitronensaft
Zucker, Salz, Pfeffer
4 EL Traubenkernöl
4 EL Walnussöl

Den gewaschenen und geputzten Salat in mundgerechte Stücke zupfen und 8 Salatschüsselchen damit auslegen. Den Käse in Stifte schneiden. Die gewaschenen Trauben halbieren und entkernen. Das Öl mit Zitronensaft, Zucker, Salz und Pfeffer verrühren. Käse, Trauben und Nüsse mit der Marinade mischen. In die Schüsselchen geben und servieren. Dazu passt sehr gut geröstetes Weißbrot, aber auch frisches Roggenbrot.

Jutta Peth, Weingut Peth, Flörsheim-Dalsheim

Weinempfehlung:
Bacchus feinherb oder Grauburgunder trocken

Überbackene Brot-Suppe

Für 2 Personen:
75 g Bauernbrot
450 ml Hühnerbrühe
100 g Crème fraîche
40 g gekochter Schinken
Salz
Pfeffer
Muskatnuss
75 g saure Sahne
1 Eigelb
1/2 Bund Schnittlauch

Das Brot in kleine Würfel schneiden. Die Brühe aufkochen, das Brot hineingeben und wieder aufkochen. Die Crème fraîche einrühren, den Schinken in Streifen schneiden und beides in die Suppe rühren. Die Suppe mit Salz, Pfeffer und etwas Muskatnuss abschmecken und auf 2 feuerfeste Suppentassen verteilen. Saure Sahne und das Eigelb verquirlen, vorsichtig auf die Suppe geben. Auf der zweiten Schiene von oben in den vorgeheizten Backofen stellen und etwa 10 Minuten bei 220 Grad (Gas Stufe 5, Umluft 200 Grad) garen lassen. Den Schnittlauch mit einer Schere direkt über der Suppe in feine Röllchen schneiden.

Thorsten Lahr, Weingut Rolf Lahr, Offstein

Weinempfehlung:
Rivaner trocken

Knoblauchbällchen

Für 6 Personen als Vorspeise, als Dip auch für 10 Personen:
500 g Doppelrahmfrischkäse
125 g weiche Butter
125 g Quark
2 Knoblauchzehen
Salz, Pfeffer
etwas Schnittlauch

Den Frischkäse mit der Butter, dem Quark und den durchgepressten Knoblauchzehen verrühren und mit Salz und Pfeffer abschmecken. Aus der Käsemasse mit einem Eiskugelformer Bällchen ausstechen und mit Schnittlauch garnieren.
Dazu passen Rösti und Tomatensalat oder bunter Eisbergsalat.

Anne Hamm, Weingut Hamm, Ingelheim

Weinempfehlung:
Trockene kräftige Weißweine: Silvaner, Weißburgunder, Grauburgunder

Diese Fleischterrine wird kräftig mit frischem Salbei abgeschmeckt; serviert wird sie mit einer Johannisbeer-Rotwein-Sauce

Salbeiterrine mit Johannisbeer-Rotweinsauce

Für 10 Personen:
500 g Schweinemett
1 große, fein geschnittene Zwiebel
2 zerdrückte Knoblauchzehen
120 g durchwachsener Speck, sehr fein gewürfelt
1/2 TL schwarzer, frisch gemahlener Pfeffer
10 zerdrückte Wacholderbeeren
1 TL Salz
8 Salbeiblätter
4 Zweige Majoran
4 Zweige Thymian
1 Ei, gut aufgeschlagen
6 EL trockener Weißwein
2–3 EL Cognac
10 Salbeiblätter zum Garnieren

Mett, Zwiebel, Knoblauch und Speck sehr gut miteinander vermischen und die Gewürze sowie die sehr fein gehackten Kräuter und zum Schluss das Ei und den Wein unterrühren. Die Masse in eine mit Backpapier ausgelegte Kastenform geben, mit Alufolie verschließen und in einer zur Hälfte mit Wasser gefüllten Fettpfanne im auf 160 Grad (Gas Stufe 2,5 Umluft 140 Grad) vorgeheizten Backofen 90 Minuten garen. Nach dem Ende der Garzeit die Form aus dem Ofen nehmen und 1 Stunde abkühlen lassen. Anschließend wird die Terrine (in der Form) mit Gewichten beschwert und in den Kühlschrank gestellt.
Zum Servieren wird die Terrine in Scheiben geschnitten und mit etwas Johannisbeer-Rotwein-Sauce und einem Salbeiblatt serviert.

Tipp: Die Pastete sollte 2 Tage vorher gebacken werden, damit sich die Geschmacksstoffe gut entfalten können.

Marlene Jacobi-Ewerth, DLR Rheinhessen-Nahe-Hunsrück, Oppenheim

Weinempfehlung:
Gereifte Riesling Spätlese feinherb oder Scheurebe feinherb oder trocken

Johannisbeer-Rotweinsauce oder Cumberland-Sauce

Für 8–10 Personen
250 g Johannisbeer-Gelee
Saft von 1/2 Zitrone
Saft von 1/2 Orange
1 TL abgeriebene Orangenschale
1 Glas Rotwein
1/2 EL Senf
Salz, Pfeffer

Alle Zutaten sehr gut verrühren und vorsichtig einkochen: Die Sauce darf nicht zu stark gelieren.

Tipp: Sauce kann 1–2 Tage vorher hergestellt werden.

Marlene Jacobi-Ewerth, DLR Rheinhessen-Nahe-Hunsrück, Oppenheim

Omas Lauchsalat

Für 6–8 Personen:
3 Stangen Lauch
3 Äpfel
1/2 Sellerieknolle
1/4 Ananas oder 1 Babyananas
7-8 hart gekochte Eier
150-200 ml Remouladensauce (aus dem Glas)

Die Zutaten fein schneiden bzw. raspeln und vermischen. Mit Salz, Pfeffer und viel Remoulade abschmecken. Über Nacht ziehen lassen und gut gekühlt servieren. Dazu ein frisches Stangenweißbrot mit Knoblauchbutter reichen.

Jutta Peth, Weingut Peth, Flörsheim-Dalsheim

Weinempfehlung:
Junger Silvaner oder Rivaner trocken

Paprikacremesuppe rot-gelb

Für 6 Personen:
800 g rote Paprika
800 g gelbe Paprika
1 l Sahne
2 Gemüsebrühewürfel
2 mittelgroße Zwiebeln
300 ml trockener Weißwein
Olivenöl
Salz, Pfeffer, Muskat
etwas Speisestärke

Die Paprika und die Zwiebeln grob würfeln, jeweils 1 Zwiebel mit den roten und den gelben Paprika getrennt in 2 Töpfen in etwas Olivenöl anbraten. Der roten Paprika etwas Farbe geben, die gelbe Paprika sollte keine Bräunung bekommen. Mit jeweils 150 ml Weißwein ablöschen und einköcheln lassen. Jeweils 500 ml Sahne und einen Brühwürfel zugeben und bei mittelstarker Hitze um ca. ein Drittel einkochen lassen. Würzen, mit dem Pürierstab pürieren und durch ein Sieb streichen. Beide Suppen eventuell mit etwas Speisestärke andicken. Die rote Suppe in die Teller gießen, die gelbe Suppe vorsichtig in die Mitte gießen. Mit einem Holzstäbchen die Ränder mit kreisenden Bewegungen verziehen.

Annette Grittmann, Weingut Grittmanhof, Osthofen

Weinempfehlung:
Silvaner Spätlese trocken

Dieser Salat eignet sich als Abendessen und schmeckt wunderbar erfrischend an einem heißen Sommertag mit Roggenbrot oder auch mit Bratkartoffeln.

Sauerkraut-Salat

Für 6-8 Personen:
500 g frisches Sauerkraut
1 Dose Ananas in Scheiben
2 mittelgroße Äpfel (z.B. Elstar)
4 Gewürzgurken
2 Becher Joghurt (3,5% Fett)
3 EL Miracel Whip
Salz, Pfeffer, 1 Prise Zucker
200 g breite Fleischwurstscheiben

Das Sauerkraut abtropfen lassen, die Ananas in kleine Stücke schneiden, Äpfel ohne Kerngehäuse, aber mit der Schale ebenso wie die Gewürzgurken in Würfel, die Fleischwurstscheiben in Streifen schneiden. Alle Zutaten mischen, gut durchziehen lassen.

Helga Schmitt, Weingut Harald Schmitt, Schwabenheim

Weinempfehlung:
Gewürztraminer trocken

Sauerkraut-Suppe mit Hackfleisch

Für 4-6 Personen:
50 g Dörrfleisch, gewürfelt
1 EL Rapsöl
500 g Hackfleisch
1 große Zwiebel, gewürfelt
1 Knoblauchzehe
1 mittlere Dose Sauerkraut
1 großer Apfel (Boskop), gewürfelt
3 EL Tomatenmark
1 TL Paprikapulver
1 l Gemüsebrühe
2 EL Sauerrahm
1 Schuss Weißwein

Das Dörrfleisch in Rapsöl anbraten, das Hackfleisch dazu geben und krümelig rösten. Die Knoblauchzehe durchpressen und mit der Zwiebel zugeben und anbraten. Das Sauerkraut klein schneiden und mit dem Apfel, dem Tomatenmark, dem Paprikapulver und der Gemüsebrühe dazugeben und alles zusammen ca. 20 Minuten garen lassen. Sauerrahm und Weißwein einrühren und die Suppe kräftig abschmecken.

Annette Zöller, Weingut Zöller, Eckelsheim

Weinempfehlung:
Riesling feinherb

Bunte Käsesuppe

Für 6 Personen:
125 g durchwachsener Speck
2 Zwiebeln
500 g Bratwurstbrät
3 Stangen Lauch
2 Dosen geschälte Tomaten (oder 1 kg gehäutete frische Tomaten)
1 Dose Mais
500 g frische Champignons (oder 1 Dose ganze Champignons)
1/2 l Gemüse- oder Fleischbrühe
1/4 l Sahne
300 g Kräuterschmelzkäse
Salz, Pfeffer, Muskatnuss

Speck und Zwiebeln würfeln, Lauch in dünne Scheiben schneiden, zusammen mit dem Brät andünsten. Tomaten und Champignons klein schneiden und mit dem abgetropften Mais dazugeben. Die Suppe zum Kochen bringen. Mit Brühe und Sahne auffüllen, Käse dazugeben und schmelzen aber nicht mehr kochen lassen, mit den Gewürzen abschmecken. Mit Stangenweißbrot servieren.

Jutta Peth, Weingut Peth, Flörsheim-Dalsheim

Weinempfehlung:
Grauburgunder trocken

Bunte Wurstsuppe

Für 4 Personen:
100 g Fleischwurst
100 g Jagdwurst
100 g geräucherte luftgetrocknete Mettwurst
4 große Kartoffeln
1 Stange Lauch
1/2 l Fleischbrühe
1/4 l saure Sahne
1 Bund glatte Petersilie
Muskatnuss, Salz, Pfeffer
Zitronenschale

Die Kartoffeln schälen, waschen, klein würfeln und in der Fleischbrühe ca. 15 Minuten kochen. Lauch in feine Streifen schneiden und 2 Minuten mitziehen lassen. Mit Pfeffer, Salz und Muskatnuss abschmecken. Würste in Streifen schneiden, Mettwurst zerpflücken und mit gezupfter Petersilie würzen. Alles in die Brühe geben. Vor dem Servieren einen Klecks saure Sahne in jeden Teller Suppe geben, mit fein gehackter Petersilie und abgeriebener Schale von einer unbehandelten Zitrone bestreuen.

Monika Pisacreta, Lippstadt

Weinempfehlung:
Rivaner Classic

Lendchen mit Kalbsleberpastete

Für 4 Personen:
450 g Blätterteig, TK
150 g Kalbsleberwurst
Salz, Pfeffer
1 EL Weißwein
200 g frische Champignons
1 Schweinelende

Den aufgetauten Blätterteig zu einem 40x60 cm großen Rechteck ausrollen. Die Kalbsleberwurst mit Salz, Pfeffer und dem Weißwein geschmeidig rühren; die Pilze in feine Scheiben schneiden. Die Schweinelende auf die Blätterteigplatte legen, mit der Kalbsleberpastete bestreichen, mit den Pilzen umlegen und in den Blätterteig einrollen. Die Teigrolle mit Eigelb bestreichen, eventuell mit Teigresten verzieren und im Backofen bei 220 Grad (Gas Stufe 5, Umluft 200 Grad) 40-45 Minuten backen.
Dazu schmecken frischer Salat und Weißbrot sehr gut.

Margitt Lahr, Weingut Rolf Lahr, Offstein

Weinempfehlung:
Weißburgunder Selection Rheinhessen trocken oder Grauburgunder Selection Rheinhessen trocken

Alter Weg zum Keltenwall bei Neu-Bamberg.

Salbeilendchen

Für 4 Personen:
2 Schweinelendchen à 500 g
250 g gekochter Schinken
250 g geriebener Gouda
20 Salbeiblätter (nach Geschmack)
Salz, Pfeffer
1/4 l Silvaner
1/4 l Sahne

Die Schweinelendchen für die Füllung in der Mitte so weit wie möglich aufschneiden. Die Innenseiten salzen und pfeffern. Anschließend mit Schinken und Salbeiblättern auslegen und mit Gouda bestreuen. Öffnung mit Fleischnadeln schließen und die Außenseiten ebenfalls salzen und pfeffern. Die Lenden scharf anbraten, mit Silvaner ablöschen und anschließend in einem Topf mit Deckel ca. 35 Minuten schmoren lassen. Den Bratensaft durch ein Sieb gießen und daraus eine helle Sauce herstellen, die mit Sahne und Silvaner verfeinert wird.
In der Zwischenzeit die Salbeilendchen aufschneiden, auf einer Platte anrichten und mit Salbeiblättern dekorieren. Ein Teil der Sauce über die Lendchen geben und mit Bandnudeln servieren.

Heike Dettweiler, Weingut Dätwyl, Wintersheim

Weinempfehlung:
Silvaner Selection Rheinhessen trocken

Rauke, die hier unter ihrem italienischen Namen Rucola bekannter ist, wird vorwiegend in Mischsalaten verwendet. Etwas weniger bekannt ist sie hingegen als Gemüse. Wer aber den angenehm würzigen Geschmack von gedämpfter Rauke einmal kennen gelernt hat, wird ihn auch in Zukunft nicht mehr missen wollen.

Rauke-Nudeln mit Lendchen

Für 4 Personen:
300 g Rauke (Rucola)
1 roter Peperone (150 g)
400 g Schweinelende
500 g Eier-Nudeln (Frischteigwaren)
2 EL Sonnenblumenöl
2 EL Pinienkerne
Salz
Pfeffer
1/2 Zitrone
2 Knoblauchzehen
1 Becher süße Sahne

Die Rauke wenn nötig verlesen, grobe Stiele entfernen. In einem Sieb unter fließendem Wasser gründlich spülen, abtropfen lassen. Peperone halbieren, Stielansatz und weiße Rippen samt Samen entfernen. Anschließend in kleine Würfel oder Rhomben schneiden.
Schweinefilet häuten, Fett entfernen, mit Küchenpapier trocken tupfen, in knapp zentimeterdicke Scheiben schneiden.
Die Nudeln bissfest kochen, abgießen, kalt abschrecken und mit einem Esslöffel Sonnenblumenöl mischen.
In einem Wok oder einer großen Bratpfanne Pinienkerne ohne Fett golden rösten. Herausnehmen und beiseite stellen. Restliches Öl beifügen und erhitzen. Lendenstücke würzen und unter Wenden rasch braten. Etwas Zitronenschale direkt darüberraffeln, die Zitrone auspressen. Den Saft dazugießen und einkochen. Knoblauch dazupressen, Rauke und Peperoni beifügen und unter Wenden und Rühren eine Minute braten, bis die Rauke zusammenfällt. Mit Sahne ablöschen und sämig einkochen, nach Bedarf abschmecken.
Gekochte Nudeln dazugeben und nur noch leicht warm werden lassen. Mit gerösteten Pinienkernen bestreuen und sofort servieren.

Varianten: Statt Zitronensaft Aceto Balsamico verwenden. Wer's schärfer mag, ersetzt den roten Peperone durch rote Peperoncini.

Marlene Jacobi-Ewerth, DLR Rheinhessen-Nahe-Hunsrück, Oppenheim

WEINEMPFEHLUNG:
Gereifter Riesling feinherb vom Roten Hang oder gereifter Silvaner Selection Rheinhessen trocken

Schweinelende in Apfelschaum

Für 4 Personen:
1 Schweinelende
6–8 Scheiben Räucherspeck
4 grüne Äpfel
3/8 l Fleischbrühe
1/4 l Apfelsaft
4 EL Öl
Salz, Pfeffer, brauner Zucker

Schweinelende salzen und pfeffern, dann kurz in Öl anbraten. Mit Speck umwickeln und in Alufolie wickeln. Bei 180 Grad (Gas Stufe 3, Umluft 160 Grad) ca. 30 Minuten im Backofen garen lassen. Äpfel schälen, entkernen und in Spalten schneiden. Zwei Minuten in heißem Apfelsaft ziehen lassen. Die eine Hälfte der Apfelspalten herausnehmen und warm stellen. Die Fleischbrühe zum Apfelsaft geben und mit den Äpfeln musig kochen. Mit einem Schneebesen schaumig schlagen. Die restlichen Apfelspalten auf ein Blech legen, mit braunem Zucker bestreuen und überbacken. Die Apfelsauce auf eine Platte gießen und das fertige Schweinefilet aufgeschnitten darauf anrichten. Mit den Apfelspalten umlegen. - Dazu schmeckt Reis sehr gut.

Thorsten Lahr, Weingut Rolf Lahr, Offstein

Weinempfehlung:
Riesling Spätlese feinherb oder Grauburgunder Spätlese trocken

Thymian-Schweinerücken

Für 10 Personen:
2 kg Schweinerücken
1 kg Mett
500 g Käse (z.B. Gouda), gerieben
3 Becher Schmand
1 Becher Sahne
Salz, Pfeffer, Paprika
frischer Thymian

Den Schweinerücken in 1,5 cm dicke Scheiben schneiden, mit Salz, Pfeffer und Paprika würzen, in einer gefetteten Auflaufform oder auf einem Blech anrichten. Mett darüber streichen. Mit dem Käse überstreuen. Den Schmand mit der Sahne anrühren, mit Salz, Pfeffer, Muskat und frischem, gehacktem Thymian abschmecken und darüber gießen. Im Backofen bei 200 Grad (Gas Stufe 4, Umluft 180 Grad) 45 Minuten garen.
Als Beilage schmecken Spätzle und ein grüner Salat mit Gartenkräutern.

Heidrun Gebert, Weingut Gebert, Siefersheim

Weinempfehlung:
Portugieser trocken

Der Wartbergturm bei Alzey.

Kartoffelauflauf mit Wein

Für 8-10 Personen:
1,5 kg Pellkartoffeln
2 große Zwiebeln
1 kg gemischtes Hackfleisch
1 EL Tomatenmark
2 EL Mehl
Salz, Pfeffer
Muskat
250 ml Wein
250 ml Milch
200 ml Sahne
100 g Sahneschmelzkäse
250 g Lauch
100 g Gouda, gerieben

Die Pellkartoffeln in Scheiben schneiden, die Zwiebeln würfeln und zusammen mit dem Hackfleisch in wenig Öl anbraten. Das Tomatenmark und das Mehl dazugeben und mit Salz, Pfeffer und Muskat würzen, dann mit Milch und Wein ablöschen. Den Schmelzkäse darin schmelzen lassen, den Lauch in Ringe schneiden und mit in die Sauce geben. Die Kartoffeln und die Hackfleischsauce in eine Auflaufform schichten und mit dem geriebenen Käse bestreuen. Den weinigen Kartoffelauflauf 30 Minuten bei 180 Grad (Gas Stufe 3, Umluft 160 Grad) im Backofen überbacken.

Ortrud Maaß, Weingut Adamshof, Nack

Weinempfehlung:
RS Rheinhessen Silvaner trocken

Macht ein bisschen Mühe, lässt sich aber gut vorbereiten:

Kartoffelpastete

Für 4-5 Personen:
1 kg Kartoffeln
2 Eier
1 Eiweiß
50 g Mehl, 50 g Semmelbrösel
1 TL Salz, 1 Prise Muskat
2 EL Öl
600 g gemischtes Hackfleisch
2 Zwiebeln, gewürfelt
150 g Champignons
Salz, Pfeffer
1 EL Fleischbrühextrakt
100 ml Weißwein
150 ml süße Sahne
30 g Mehl
1 Eigelb
3 EL Milch
1 Bund glatte Petersilie

Die Kartoffeln garen, durch die Kartoffelpresse pressen, abkühlen lassen und kalt mit den Eiern, dem Eiweiß, Mehl und Semmelbröseln zu einem glatten Teig verarbeiten, mit Salz und Muskatnuss würzen. Zuerst den Pastetendeckel mit Hilfe von Butterbrotpapier ausrollen, dann Boden und Wände in eine gefettete Auflaufform drücken.
Das Hackfleisch mit den Zwiebeln und den Pilzen in dem Öl anbraten, mit dem Wein ablöschen und mit Salz, Pfeffer und Muskatnuss würzen; ca. 20 Minuten kochen lassen. Diese Fleischsauce mit der Sahne und dem Mehl abbinden. Die gebundene Fleischmasse in die ausgelegte Auflaufform füllen. Den ausgerollten Deckel darüber legen und mit der verrührten Milch-Eigelb-Mischung bestreichen. Die Fleischpastete bei 190 Grad (Gas Stufe 3-4, Umluft 170 Grad) 50 Minuten im Backofen backen.
Die Kartoffelpastete kann in der Auflaufform angerichtet werden oder - wenn die Ränder gut verschlossen sind - auch auf eine Platte gestürzt werden. Mit gehackter Petersilie garnieren; dazu passen frische Salate.

Anne Hamm, Weingut Hamm, Ingelheim

Weinempfehlung:
Kräftiger Rivaner trocken oder feinherb

Rosenkohl-Auflauf

Für 4 Personen:
1 kg Rosenkohl
200 g Reis
250 g gekochter Schinken
200 g Edamer Käse
Salz, Pfeffer, Muskatnuss
Paniermehl
ca. 50 g Butter

Den Rosenkohl in Salzwasser kurz kochen, den Reis fast gar kochen; beides abgießen, dabei von dem Rosenkohlwasser einen Liter auffangen, und in eine Auflaufform geben. Den Schinken und den Käse würfeln und dazugeben; mit Salz, Pfeffer und Muskatnuss würzen und das aufgefangene Rosenkohlwasser darüber gießen. Mit etwas Paniermehl bestreuen und Butterflöckchen darauf legen. Bei 200 Grad (Gas Stufe 4, Umluft 180 Grad) ca. 45–60 Minuten überbacken.

Kornelia Pisacreta, Lippstadt

Weinempfehlung:
Rivaner trocken

Überbackenes Schweinefilet

Für 6 Personen:
2 Schweinefilets (ca. 1200 g)
Salz, Pfeffer
500 g frische Champignons
1 Gemüsezwiebel
1/2 l Sahne
2 EL Tomatenmark
2 EL Chilisauce
2 EL Weinbrand
2 EL Speisestärke
2 TL Senf
Salz, Pfeffer
4 Scheiben Gouda

Das Schweinefilet würzen, von allen Seiten kurz anbraten und aus der Pfanne nehmen. Die Pilze in Scheiben und die Gemüsezwiebel in Ringe schneiden und beides im Bratfett andünsten.
Das Fleisch in 2 cm dicke Scheiben schneiden und diese in eine gefettete Auflaufform legen, die Zwiebel-Pilz-Mischung darüber geben. Die Sahne steif schlagen und mit Tomatenmark, Chilisauce, Weinbrand, Speisestärke und Senf verrühren, mit Salz und Pfeffer abschmecken. Diese Sauce auf das Gemüse in der Auflaufform streichen. Den Käse in Streifen schneiden und diese Streifen als Gitter darauf legen. Das Schweinefilet ca. 20-30 Minuten bei 200 Grad (Gas Stufe 4, Umluft 200 Grad) überbacken.

Sonja Janß, Weingut Eckelmann-Janß, Guntersblum

Weinempfehlung:
Portugieser Selection Rheinhessen trocken

Rustikaler Pilztopf

Für 4 Personen:
100 g Schinkenspeck
2 Zwiebeln
2 EL Öl
500 g Weißkraut
800 g Champignons
125 ml klare Brühe
250 ml Wein, trocken-halbtrocken
Salz, Pfeffer
2-3 EL Schmand
1 Bund glatte Petersilie

Schinkenspeck und Zwiebeln würfeln und in Öl kurz anbraten, das Weißkraut in feine Streifen schneiden und dazugeben, ebenso die in Scheiben geschnittenen Champignons; mit Wein und Brühe auffüllen. Alles 15 Minuten garen, dann mit Salz und Pfeffer würzen, den Schmand unterrühren und mit der gehackten Petersilie bestreuen.
Dazu schmecken Rösti und Salat gut.

Ortrud Maaß, Weingut Adamshof, Nack

Weinempfehlung:
Chardonnay oder Grauburgunder Spätlese trocken

Wasserturm in Worms.

Struwwelpeter

1 Zwiebel
je 1 rote und grüne Paprika
100 g Schweinefleisch
100 g Rindfleisch
40 g Butterschmalz
6 alte Brötchen
1/4 l Milch
Petersilie
5 Eier
2 EL Paniermehl
Salz und Pfeffer
60 g Butter

Die klein geschnittene Zwiebel mit den gewürfelten Paprikaschoten und dem fein gewürfelten Fleisch in Butterschmalz kurz anbraten, heraus nehmen und beiseite stellen. Im gleichen Fett die klein gewürfelten Brötchen anrösten und dann in der Milch quellen lassen. Anschließend die Gemüse-Fleisch-Mischung und die eingeweichten Brötchen mit den Eiern und der gehackter Petersilie vermischen. Gut durchkneten, mit Salz und Pfeffer abschmecken, eine Rolle formen, fest in gefettete, mit Paniermehl bestreute Alufolie wickeln, dabei die Enden gut schließen. In kochendem Wasser bei mehrmaligem Wenden ca. 25 Minuten ziehen lassen. In der Folie auskühlen lassen, dann herausnehmen und in Scheiben schneiden. Von allen Seiten in Butter anbräunen, warm mit grünem Salat servieren.

Monika Pisacreta, Lippstadt

Weinempfehlung:
Kräftiger Portugieser oder Dornfelder trocken

Spargelragout

Für 4 Personen:
750 g Spargel
125 g frische Champignons
200 g gekochter Schinken, gewürfelt
40 g Butter
30 g Mehl
1/8 l Spargelbrühe
200 g Schlagsahne

Den Spargel schälen, kochen und abgießen, dabei den Spargelsud auffangen. Die Champignons putzen und in Scheiben schneiden. Aus der Butter und dem Mehl eine Mehlschwitze rühren, mit der Spargelbrühe und der Sahne ablöschen. Die Spargel, die Pilze und den Schinken dazugeben und ca. 5 Minuten köcheln lassen.
Dazu schmecken Silvaner-Kräuter-Nudeln oder grüne Bandnudeln.

Sonja Janß, Weingut Eckelmann-Janß, Guntersblum

Weinempfehlung:
Silvaner oder Weißburgunder Spätlese trocken

Rosenkohl, rhoihessisch

Für 6 Personen:
1 kg Rosenkohl
Salz und Pfeffer
700 g grobe, geräucherte Mettwurst
40 g Butter
40 g Mehl
100 g Doppelrahmfrischkäse oder Crème fraîche

Den Rosenkohl putzen, waschen, bei großen Röschen den Strunk einkerben, in Salzwasser bissfest kochen und abgießen. Dabei den Sud auffangen. Die Hälfte der in Scheiben geschnittenen Mettwurst in einer gefetteten Auflaufform verteilen, dann eine Hälfte Rosenkohl, die restliche Wurst und den restlichen Rosenkohl einschichten. Den Rosenkohl dabei immer mit Salz, Pfeffer und Muskat würzen. Aus der Butter und dem Mehl eine Mehlschwitze machen und mit dem auf 300 ml ergänzten Rosenkohl-Kochwasser ablöschen. Diese Sauce über den Rosenkohl gießen und diesen mit Doppelrahmfrischkäse oder Crème fraîche bestreichen. Den Rosenkohlauflauf bei 180 Grad (Gas Stufe 3, Umluft 160 Grad) 50 Minuten überbacken.
In der Auflaufform anrichten; dazu passen Salzkartoffeln.

Tipp: Man kann auch einen Teil des Frischkäses durch geriebenen Käse ersetzen.

Anne Hamm, Weingut Hamm, Ingelheim

Weinempfehlung:
Kräftiger Rivaner trocken

Paprika-Eintopf mit Schweinebauch

Für 4 Personen:
2 EL Sojaöl
1 Zwiebel
1 kg Schweinebauch
je 2 rote, gelbe und orange Paprikaschoten
1 kleine Chilischote
500 g gekochte Kartoffeln, gewürfelt
Salz, Pfeffer
11/2 l Fleischbrühe
1/4 l Weißwein

In einen Topf Sojaöl geben und die gewürfelte Zwiebel kurz darin anbraten. Den Schweinebauch würfeln und die Paprikaschoten vierteln, salzen und pfeffern. Die Chilischote dazugeben. Alles in den Topf geben und kurz anbraten. Mit Fleischbrühe und Weißwein auffüllen und ca. 1/2 Stunde langsam köcheln lassen, zum /Binden die Kartoffelwürfel hinzufügen.

Helga Brenner, Weingut Brenner, Bechtheim

Weinempfehlung:
Riesling halbtrocken

Kartoffel-Oliven-Gratin

Für 4 Personen:
1 kg Kartoffeln, fest kochend
Olivenöl für die Form
1 große Zwiebel
200 g Schweinehackfleisch
200 g Rinderhackfleisch
2 EL Olivenöl
200 ml trockener Rotwein (Dornfelder)
2 EL Tomatenmark
Salz, schwarzer Pfeffer
2 TL getrockneter Thymian
150 g grüne gefüllte Oliven
100 g kräftiger Käse, gerieben

Die Kartoffeln abbürsten, waschen und zugedeckt in wenig Salzwasser in ca. 20 Minuten gar kochen, abgießen und abkühlen lassen, anschließend pellen und in dicke Scheiben schneiden. Eine Auflaufform mit Olivenöl fetten. Die Zwiebel würfeln, mit dem Hackfleisch in 2 EL Öl anbraten, Wein und Tomatenmark dazugeben. Mit Salz, Pfeffer und Thymian kräftig würzen und offen 15-20 Minuten köcheln lassen. Die Oliven halbieren und die Hälfte unterrühren. Die Hälfte der Kartoffelscheiben in die Sauce geben, die restlichen Kartoffeln in die Auflaufform einschichten, die Kartoffel-Fleischsaucen-Mischung darüber geben und das Ganze mit dem geriebenen Käse und den restliche Oliven bestreuen. Bei 200 Grad (Gas Stufe 4, Umluft 180 Grad) 40 Minuten goldgelb backen.

Gabriele Weber, Weingut R. Weber, Fürfeld

Weinempfehlung:
Weißburgunder trocken

Jugendstil-Wasserhäuschen bei Nieder-Hilbersheim.

Kalbfleisch mit Rosmarin

Für 4 Personen:
1 Zwiebel, gewürfelt
3 EL Olivenöl
2 zerdrückte Knoblauchzehen
1 kg Kalbfleisch aus der Keule
Salz, Pfeffer
1 kleine Dose Tomaten
1 Tasse trockener Weißwein
3 Rosmarinzweige

Die gewürfelte Zwiebel in Olivenöl andünsten, dann den Knoblauch zufügen. Das Kalbfleisch in rechteckige Stücke schneiden und von allen Seiten hellbraun anbraten, mit Salz und Pfeffer würzen. Die Tomaten abgießen, fein hacken und zu dem Kalbfleisch geben, den Wein und den Rosmarin zufügen. Der Eintopf wird unter gelegentlichem Umrühren 1 1/2 Stunden gegart.

Marlene Jacobi-Ewerth, DLR Rheinhessen-Nahe-Hunsrück, Oppenheim

Weinempfehlung:
Gereifter Riesling trocken vom Roten Hang

Roastbeefbraten in Spätburgunder

Für 6-8 Personen:
1500 g Roastbeef mit Fettschicht
Butterschmalz zum Anbraten
80 g durchwachsener Speck
3 Zwiebeln
1/2 l Spätburgunder
Salz, Pfeffer
1 Prise Zimt
1 Prise Muskat
300 g Champignons
2 EL saure Sahne

Das Roastbeef im Brattopf in heißem Butterschmalz zuerst mit der Fettseite, dann ringsum anbraten. Speck und Zwiebel in Würfel schneiden und nach und nach zum Anbraten hinzufügen. Das Fleisch mit einem kleinen Glas Wasser angießen und bei starker Hitze etwas 5–8 Minuten einkochen lassen. Dann den Braten mit dem Wein begießen, mit Salz, Pfeffer, Zimt und Muskat würzen. Mit der Fettseite nach oben im Bräter in den auf 225-250 Grad (Gas Stufe 5, Umluft 200-220 Grad) vorgeheizten Backofen schieben, 20-25 Minuten schmoren lassen. Die Champignons waschen und vierteln. Das Fleisch herausnehmen und auf eine vorgewärmte Platte legen und warm stellen. Die Champignons in dem Bratenfond 5 Minuten garen und danach mit saurer Sahne abschmecken. Das Fleisch in Scheiben schneiden und die Sauce zum Braten servieren.
Dazu passen Salz- oder Bratkartoffeln oder Kroketten und Salat.

Edmunde Baier-Falger, Weingut Falger-Baier, Gimbsheim

Weinempfehlung:
Spätburgunder Selection Rheinhessen trocken

Kalbsgeschnetzeltes

Für 4 Personen:
600 g Kalbsgeschnetzeltes aus der Kalbsnuss oder Kalbsoberschale
Öl
2 Schalotten, gewürfelt
30 ml Weißwein oder Weinbrand
100 ml Sahne
100 ml Kalbsfond
Salz, weißer Pfeffer

Das Kalbsgeschnetzelte mit Salz und Pfeffer würzen. Danach das Fleisch in der Pfanne scharf anbraten, in eine kleine Schüssel geben und warm stellen. Nun wird die Sauce zubereitet: Schalotten goldbraun dünsten, mit Weißwein ablöschen, mit Sahne aufgießen und den Kalbsfond dazugeben. Anschließend die Sauce durch Einkochen auf die gewünschte Konsistenz reduzieren lassen und mit Salz und Pfeffer abschmecken.
Schmeckt sehr gut mit Bratkartoffeln und einem Salat.

Jörg Erbenich, Weingut Erbenich, Gau-Bickelheim

Weinempfehlung:
Weißburgunder Selection Rheinhessen trocken

Klassisch und gut: Die Forellenfilets werden mit Suppengemüse und Estragon in Weißwein gedünstet.

Forellenfilets in Weisswein

Für 4 Personen:
8 Forellenfilets
3-4 Zwiebeln
2 Möhren
1 Stange Lauch
1/2 Sellerieknolle
1 Bund frischer Estragon
100 g Butterschmalz
1/2 Flasche trockener Weißwein
1/4 l süße Sahne
3 Eigelb
Salz und Pfeffer

Die Zwiebeln schälen und würfeln. Möhren, Lauch, Sellerieknolle und Estragon klein schneiden, andünsten und mit dem Weißwein ablöschen. Die Forellenfilets 5-10 Minuten darin ziehen lassen - nicht kochen -, herausnehmen und warm stellen. Den Fond etwas einkochen lassen, Sahne und Eigelb miteinander verquirlen und damit legieren; mit Salz und Pfeffer abschmecken.

Gabriele Weber, Weingut R. Weber, Fürfeld

Weinempfehlung:
Silvaner Spätlese trocken

Zanderfilet mit Kräuterkruste

Für 4 Personen:
4 weiße mittelgroße Champignons
4 Schalotten
1/2 Bund Schnittlauch
1/2 Bund Petersilie
1/2 Bund Basilikum
100 g weiche Butter
40 g Semmelbrösel
1 hart gekochtes Eigelb
eventuell etwas Sahne
4 Zanderfilets mit Haut à 150 g
Salz, frisch gemahlener Pfeffer
100 ml trockener Weißwein

Die Champignons putzen und fein hacken; die Schalotten abziehen, fein würfeln; die Kräuter waschen, trocken tupfen und fein schneiden. Butter schaumig rühren, Semmelbrösel und hart gekochtes Eigelb hinzufügen und glatt rühren. Kräuter, Pilze und Schalotten unter die Masse rühren und, falls sie zu fest ist, etwas Sahne zufügen. Die Zanderfilets säubern, säuern, salzen und pfeffern. Fischfilets mit der Hautseite nach unten in eine gefettete, ofenfeste Form legen, mit der Pilz-Kräutermischung bestreichen. Den Weißwein hinzugießen und im vorgeheizten Backofen bei 225 Grad (Gas Stufe 5 Umluft, 200 Grad) garen.
Mit Petersilie garnieren und mit Reis servieren.

Marlene Jacobi-Ewerth, DLR Rheinhessen-Nahe-Hunsrück, Oppenheim

Weinempfehlung:
Weißburgunder Spätlese trocken oder gereifte Riesling Spätlese trocken

Spargel mit Lachscrêpes

Für 4 Personen:
1,5 kg vorbereiteter Spargel
1 Prise Zucker
1 TL Butter
200 g Räucherlachs
1 Beutel Sauce Hollandaise
80 g Mehl
200 ml Milch
2 Eier
Öl
Salz, Muskat,
Schnittlauch

Den Spargel in kochendem Salzwasser mit dem Zucker und der Butter 15 Minuten garen, abtropfen lassen und warm stellen.
Aus Mehl, Milch und Eiern einen glatten Teig rühren und etwas quellen lassen. Das Öl erhitzen und dünne Crêpes goldbraun backen, mit den Räucherlachs-Scheiben belegen, aufrollen und in Scheiben schneiden.
Die Sauce Hollandaise nach Packungsanweisung zubereiten und zusammen mit dem Spargel und den Crêpes-Scheiben servieren.

Hans-Friedrich Kitzer, Weingut Kitzer, Badenheim

Weinempfehlung:
Rivaner trocken oder RS Rheinhessen Silvaner trocken

Forelle blau

Für 4 Personen:
4 Forellen à 200 g, frisch oder TK
2 Zwiebeln, geviertelt
3 l Wasser
1/8 l trockener Weißwein
4 TL Essig (kein Balsamico)
Salz, schwarze oder weiße Pfefferkörner
Wacholderbeeren (nicht zu viele, sonst schmecken die Forellen bitter)
2 Nelken (auf keinen Fall mehr)

Die Forellen außen und innen mit kaltem Wasser abbrausen, dabei die Schleimschicht nicht verletztzen, denn sie verursacht die Blaufärbung.
Den Sud aus den restlichen Zutaten zum Kochen bringen. Abschalten und 15-30 Minuten ziehen lassen. Danach erneut zum Kochen bringen und die Forellen einlegen. Sofort die Hitze zurücknehmen. Forellen jetzt je nach Größe (frische) 10-12 Minuten, tiefgefrorene etwa 20 Minuten in dem sehr heißen aber nicht mehr siedenden Wasser ziehen lassen. Die Forellen sind gar, wenn sich die Flossen ganz leicht abziehen lassen. Vorsicht beim Herausnehmen: gegarte Forellen sind sehr zerbrechlich; recht gut geht es mit 2 Schaumlöffeln.
Zu einem Forellenessen gehören Salzkartoffeln, zerlassene Butter, grüner Salat und für die Forellen Zitronenscheiben.

Peter Benk, Alzey

Weinempfehlung:
RS Rheinhessen Silvaner trocken

Nudeleintopf mit Putenfleisch

Für 4 Personen:
300 g Putenfleisch
4 EL Öl
250 g Möhren
250 g Zucchini
2 Stangen Lauch
250 g Nudeln
1/4 l Brühe
1/4 l Weißwein
150 g Crème fraîche
Salz, Pfeffer
3 EL geriebener Parmesan

Das Fleisch in feine Streifen schneiden, das Öl erhitzen und das Fleisch kurz darin anbraten. Möhren und Zucchini grob raspeln, Lauch in feine Ringe schneiden. Gemüse zum Fleisch geben und kurz andünsten, mit Salz und Pfeffer würzen. Die ungekochten Nudeln dazugeben, mit Brühe und Wein auffüllen, aufkochen und ca. 15 Minuten kochen lassen. Crème fraîche dazugeben, umrühren und abschmekken. Mit geriebenem Parmesan bestreut servieren.

Bernarde Sieben, Weingut Alfons Sieben, Zornheim

Weinempfehlung:
Kerner Spätlese feinherb oder Huxelrebe Spätlese trocken

Fasan in Spätburgunder

Für 3–4 Personen
1 Fasan, küchenfertig
Butterschmalz
100 g Dörrfleisch
80 g Zwiebeln
1/4 l Spätburgunder
1/8 l Sahne
1/8 l Wasser oder Wildfond
100 g ganze Champignons
50 g Perlzwiebeln
etwas Zucker
Salz, Pfeffer, Paprika, Petersilie

Den Fasan vierteln, würzen und in heißem Fett anbraten. Dörrfleisch und Zwiebeln mitdünsten lassen und mit Spätburgunder ablöschen. Alles in eine feuerfeste Form füllen. Wasser oder Wildfond und Sahne hinzufügen und bei mittlerer Hitze, 180 Grad (Gas Stufe 3, Umluft 180 Grad) im Backofen 35 - 40 Min. schmoren. Champignons und Perlzwiebeln in einer Pfanne glasieren, in die Sauce geben oder als Garnitur beilegen.

Liselotte und Dorothee Hill, Weingut W. Hill, Uelversheim

Weinempfehlung:
Spätburgunder Selection Rheinhessen trocken

Der Ententopf mit weißen Bohnen lässt sich hervorragend vorbereiten und ist ein ganz besonderes Gästeessen:

Enteneintopf mit weissen Bohnen

Für 4 Personen:
500 g weiße Bohnen
4 Entenschlegel
Gänse- oder Schweineschmalz
2 Zwiebeln
1 Apfel
1 1/2 l Fleischbrühe
1/4 l Weißwein
500 g Kartoffeln
Salz, Pfeffer
Olivenöl

Die Bohnen über Nacht einweichen. Die Entenschlegel salzen, pfeffern und in einem großen Eisentopf mit Gänse- oder Schweineschmalz anbraten und dann wieder herausnehmen.
Die Zwiebeln und den Apfel würfeln und zusammen in dem Bratfett anbraten. Entenschlegel und die eingeweichten Bohnen dazugeben. Mit Fleischbrühe und Weißwein auffüllen, die Kartoffelstücke zufügen und den Deckel auflegen. Den Ententopf im Backofen für 1 1/2 Stunden bei 170 Grad (Gas Stufe 3, Umluft 150 Grad) fertig garen. Vor dem Servieren etwas Olivenöl dazugeben.
Dazu Baguette reichen.

Helga Brenner, Brennersches Weingut, Bechtheim

Weinempfehlung:
Grauburgunder Spätlese trocken

Flörsheimer Jägertopf

Für 10-12 Personen;
2 kg Wildfleisch (Reh, Wildschwein und Hirsch gemischt in gulaschgroßen Stücken)
Würzmischung aus 2 TL Salz, 1 TL Pfeffer, 1 TL Thymian, 1 TL Rosmarin, 1/2 Muskatnuss gerieben, 1 Messerspitze Nelkenpulver, 3 Lorbeerblätter
6 dicke Zwiebeln, gewürfelt
250 g Dörrfleisch, gewürfelt
3 große Stangen Lauch, in Ringe geschnitten
1 kg frische Pfifferlinge oder aus der Dose
4 Becher süße Sahne
1 EL braune Saucenpaste
1 Flasche Spätburgunder Rotwein trocken

Alle vorbereiteten Zutaten abwechselnd in einen Bräter schichten.
Die Sahne, den Wein und die braune Saucenpaste vermischen und darüber gießen.
Den Topf ca. 12 Stunden in den Kühlschrank stellen, damit alles gut durchzieht.
Den Backofen auf 250 Grad (Gas Stufe 5, Umluft 225 Grad) vorheizen, den Topf hinein stellen und bei 190 Grad (Gas Stufe 3, Umluft 170 Grad) ca. 2 Stunden garen.
Nach dem Garen nochmals nachwürzen.
Dazu schmecken wunderbar Silvaner Nudeln oder hausgemachte Kartoffelklöße.

Ulrike Wechsler –Engel, Weingut Wechsler-Engel, Flörsheim-Dalsheim

Weinempfehlung:
Spätburgunder Selection Rheinhessen trocken

Rehrückenfilet, rheinhessisch

Für 4 Personen:
2 Rehrückenfilets (mit Knochen)
10 Wacholderbeeren
3 TL mittelscharfer Senf
100 ml süße Sahne
2 Zwiebeln, gewürfelt
2 Möhren, gewürfelt
1/2 Knolle Sellerie, gewürfelt
1/2 Flasche Rotwein
1 EL Rotweingelee (oder Johannisbeergelee)
etwas Saucenbinder dunkel
Butterschmalz

Die Rehrückenfilets werden in rohem Zustand vorsichtig vom Knochen abgelöst. Die Wacholderbeeren werden zerstoßen und mit 2 Teelöffeln mittelscharfem Senf und 2 Esslöfeln süßer Sahne verrührt.
Die beiden Rückenfilets werden damit eingerieben und ca. 1 Stunde kalt gestellt.
In der Zwischenzeit werden die gehackten Rehrücken-Knochen mit Zwiebeln und Wurzelwerk scharf angebraten und mit Rotwein abgelöscht. Nach ca. 30 Minuten Einköcheln wird die Sauce abgesiebt und mit Salz, Pfeffer, 1 Teelöffel Senf, einem guten Schuss Sahne und 1 Esslöffel Rotweingelee verfeinert; bei Bedarf etwas andicken mit Saucenbinder dunkel.
In einer gusseiseren Pfanne 1 Esslöffel Butterschmalz erhitzen und die Filets darin scharf anbraten und auf beiden Seiten je 10 Minuten schmoren lassen. Die Rehfilets abgedeckt noch einige Minuten ruhen lassen, damit der Saft im Fleisch bleibt.
Dann werden sie schräg in ca. 3 cm dicke Scheiben aufgeschnitten und auf vorgewärmten Tellern mit etwas Sauce angerichtet. Dazu passen Butterspätzle und frisches Wirsinggemüse.

Ute Dreißigacker, Weingut Frieder Dreißigacker, Bechtheim

Weinempfehlung:
Spätburgunder trocken

Diese in der Pfanne gebratenen Wein-Grumbeere - also Wein-Kartoffeln - sind praktisch vegetarische Backes-Grumbeere!

Wein-Grumbeere

Für ca. 8 Personen:
1,5 kg Kartoffeln, roh und in Scheiben geschnitten
3 Zwiebeln, gewürfelt
Schmalz
1/4 l Weißwein
1/4 l Fleischbrühe
1 Lorbeerblatt
3 Pfefferkörner,
Salz und Pfeffer

Die Kartoffeln und die Zwiebeln in reichlich Schmalz kräftig anbraten und häufig wenden. Dann mit dem Weißwein und der Fleischbrühe aufgießen; Lorbeerblatt und Pfefferkörner dazugeben, mit Salz und Pfeffer abschmecken. Zugedeckt garen lassen, bis die Kartoffeln weich sind. Dann die Flüssigkeit bei offenem Topf einkochen lassen.

Petra Mees, Weingut Kirchberg-Hof, Stein-Bockenheim

Weinempfehlung:
RS Rheinhessen Silvaner trocken oder Rivaner trocken

Rehrücken mit Salbei

Für 4 Personen:
1 ausgebeinter Rehrücken (ca. 600 g)
5 Lauchzwiebeln
250 g getrocknete Tomaten
10 Salbeiblätter (eventuell weniger)
250 ml Balsamico-Essig
50 g Butterschmalz
Salz, Pfeffer

Den Rehrücken, die geviertelte Lauchzwiebeln, die Tomaten und den Salbei in Essig marinieren. Nach ca. einer Stunde den Rehrücken aus der Marinade nehmen und in Butterschmalz anbraten. Dann das Fleisch mit frisch gemahlenem Pfeffer würzen. Die abgetropften Tomaten, Zwiebeln und den Salbei zugeben und weitere 25 Minuten braten. Die Marinade darüber gießen und kurz köcheln lassen. Vor dem Servieren leicht salzen.

Heidrun Mann, Weingut Mann-Fuchs, Mölsheim

Weinempfehlung:
Kräftiger Portugieser oder Spätburgunder trocken

Lauchgemüse mit Käsesauce

Für 4 Personen:
1 kg Lauch
200 g bayrischer Schmelzkäse (20% Fett)
2 Eigelb
1/8 l Milch
Salz, Pfeffer, Muskat und Paprika

Den Lauch putzen, in 10 cm lange Stücke schneiden und in Salzwasser weich kochen. Die Milch erhitzen, den Schmelzkäse darin auflösen, Eigelb dazugeben und würzen.
Die Sauce über die heißen Lauchstangen gießen und servieren.

Hans-Friedrich Kitzer, Weingut Kitzer, Badenheim

Weinempfehlung:
Rivaner trocken oder Rivaner Classic

Sonnenblumenfeld bei Ingelheim.

Vollkornpfannkuchen

Für 2 Personen:
2 Eier
1/4 l Sprudel
1/4 l Vollmilch
125 g Vollkornmehl
50 g kernige Haferflocken
1 TL Salz
Oregano, Thymian, Pfeffer, Muskat
2 EL Buchweizen
1 EL Leinsamen
1 EL Sonnenblumenkerne
Sonnenblumenöl zum Backen

Alle Zutaten gut mischen, etwas quellen lassen und in einer beschichteten Pfanne mit Deckel zu dünnen, knusprigen Pfannkuchen ausbacken.
Als Beilage eignen sich z.B. gemischter Salat oder Spargelgemüse.

Helga Schmitt, Weingut Harald Schmitt, Schwabenheim

Weinempfehlung:
Silvaner Spätlese trocken

Himbeeren mit Joghurt-Dip

Für 4 – 6 Personen:
500 g Himbeeren
250 g Quark (40 % Fett)
3 Becher Naturjoghurt (3,5 % Fett)
1 Päckchen Vanillezucker
Zucker nach Geschmack
2 EL Batida de Coco
1 Prise Piment
Zitronenmelisse und Walnusshälften zum Garnieren

Die Himbeeren eventuell leicht zuckern; alle anderen Zutaten gut durchrühren. Das Obst in Schälchen verteilen und den Dip darüber geben. Mit Zitronenmelisse und einer Walnusshälfte verzieren.

Tipp: Sie können natürlich auch andere Obstsorten (z.B. Tafeltrauben, Pfirsiche) verwenden.
Dieser Dip ist auch als Beigabe zu einem Obstsalat zu empfehlen.

Helga Schmitt, Weingut Harald Schmitt, Schwabenheim

Weinempfehlung:
Kerner Spätlese feinherb

Dornfelder-Kirsch-Grütze

Für 8 Personen:
2 Gläser sterilisierte Schattenmorellen
0,75 l halbtrockener Dornfelder
1 Zimtstange
5-6 EL Zucker
2 EL Speisestärke

Von den Schattenmorellen den Saft abgießen und die Kirschen im Sieb abtropfen lassen, den Saft dabei auffangen.
Den Dornfelder in einem Topf erwärmen und eventuell mit etwas Kirschsaft verdünnen. Die Zimtstange mitkochen und Zucker nach Geschmack zugeben. Die Speisestärke mit etwas kaltem Kirschsaft anrühren, in den heißen Rotwein rühren, aufkochen und von der Herdplatte nehmen. Die Kirschen unterrühren und die Grütze kalt stellen. Dazu passt hervorragend Vanilleeis oder Vanillemousse.

Ute Dreißigacker, Weingut Frieder Dreißigacker, Bechtheim

Weinempfehlung:
Dornfelder trocken

Eines der vielen rheinhessischen Apfelfelder.

Gewürztraminer Eisparfait

Für 4 Personen:
4 Eigelb
20 g Zucker
1/2 l Gewürztraminer Spätlese
1 Blatt Gelatine
200 ml Sahne
2 cl Gewürztraminer Trester

Die Eigelb mit dem Zucker schaumig rühren. Den Gewürztraminer zugeben und im Wasserbad heiß aufschlagen. Jetzt die eingeweichte Gelatine unterrühren und alles abkühlen lassen. In der Zwischenzeit die Sahne steif schlagen. Wenn die Creme anfängt zu gelieren, die Sahne und den Gewürztraminer Trester unterheben, in die Form füllen und gefrieren.
Zum Anrichten das Parfait stürzen und in Scheiben schneiden. Mit gedünstetem Rhabarber, frischen Erdbeeren oder frischen Himbeeren und Himbeermark servieren.

Jutta Ahl, Weingut Bert Wechsler-Erben, Osthofen

Weinempfehlung:
Gewürztraminer Auslese oder Beerenauslese

Orangenmousse

Für 4 Personen:
200 g Orangensaft
2 Orangenzesten (feine Orangenschalenstreifen)
3 EL Zucker
6 Blatt Gelatine
140 g Sahne
1 Eiweiß
etwas Salz
1 Orange
2 EL Zucker
8 g Pfefferminzblätter zum Ausgarnieren

Gelatine in kaltem Wasser einweichen, die Sahne steif schlagen, Orangen schälen, filetieren und mit Zucker marinieren.
Zucker, Orangensaft und -zesten aufkochen und abseihen. Die eingeweichte Gelatine in dem warmen, aber nicht kochenden Saft auflösen. Das Eiweiß mit einer Prise Salz und etwas Zucker zu Schnee schlagen. Den Saft auf einem Eiswasserbad kalt rühren. Anschließend die steif geschlagene Sahne und den Eischnee unter die kalte Masse heben. Das Mousse in eine Schüssel füllen und in den Kühlschrank stellen. Wenn das Mousse kalt ist, Nocken abstechen.

Jörg Erbenich, Weingut Erbenich, Gau-Bickelheim

Weinempfehlung:
Riesling Beerenauslese

Diese Erdbeerkaltschale ist zusammen mit dem Joghurt serviert ein Nachtisch für 2 Personen; sie ergänzt aber auch die Orangenmousse auf der linken Seite (dann für 4 Personen) ganz hervorragend!

Erdbeerkaltschale

Für 2 Personen:
400 g Erdbeeren
200 g Läuterzucker
40 g Riesling Spätlese
200 g Naturjoghurt

Aus 100 g Zucker, 100 ml auf 30 Grad erhitztem Wasser und dem Mark einer halben Vanilleschote den Läuterzucker kochen.
Die Erdbeeren pürieren, den Läuterzucker dazugeben und alles noch einmal aufmixen. In tiefe Teller füllen und mit dem Joghurt ausgarnieren.

Jörg Erbenich, Weingut Erbenich, Gau-Bickelheim

Weinempfehlung:
Spätburgunder Weißherbst

„Klingt aufwändig, ist es aber nicht und auf jeden Fall die Mühe wert! Passt sehr gut zu frischen Erdbeeren", schreibt Annette Grittman zu diesem Rezept.

Winzersekt-Eis

Für ca. 20 Kugeln:
7 Eigelb
210 g Zucker
250 g Sahne
200 g Crème fraîche
450 ml Winzersekt trocken
100 g weiße Kuvertüre
60 ml Winzersekt

Eigelb und Zucker in einer Schüssel verrühren. Die Sahne mit der Hälfte des Sektes und der Crème fraîche aufkochen. Die kochende Flüssigkeit langsam auf das Ei-Zucker-Gemisch gießen und dabei rühren (macht man am besten zu zweit!). Alles zurück in den Topf gießen und unter Rühren bis auf ca. 85 Grad erhitzen. Die Masse wird durch die Bindung des Eigelbs etwas dickflüssiger. Wieder in die Schüssel gießen, die gehackte Kuvertüre zugeben, gelegentlich umrühren. Erkalten lassen und in der Eismaschine gefrieren. Wenn das Eis schon gut sämig ist, den restlichen Sekt dazugießen und noch etwas weiter gefrieren lassen.

Annette Grittmann, Weingut Grittmannhof, Osthofen

Weinempfehlung:
Huxelrebe Beerenauslese oder Riesling Eiswein

Zimt-Parfait mit Latwerg-Mousse

Für 4 Personen:
2 frische Eigelb
100 g Zucker
1 Becher Sahne
Zimt, nach Geschmack
1 Glas Latwerg (Pflaumenmus)
200 ml Rotwein

Die Eigelb mit dem Zucker im Wasserbad schaumig rühren. Die geschlagene Sahne vorsichtig unter die etwas abgekühlte Ei-Zucker-Masse unterheben, Zimt dazugeben. Alles in eine gläserne Stollenform füllen, mit Folie abdecken und über Nacht in die Gefriertruhe stellen.
Latwerg in einen kleinen Topf geben und mit einem kräftigen Rotwein aufkochen – umrühren nicht vergessen, abkühlen lassen.
Vor dem Servieren das gefrorene Parfait aus der Form stürzen, in Scheiben schneiden und mit Latwerg-Mousse auf einem mit Zimt gepuderten Teller anrichten.

Tipp:
Man kann den Teller zusätzlich noch mit Zimt-Waffelröllchen oder eingelegten Pflaumen garnieren.

Liselotte und Dorothee Hill, Weingut W. Hill, Uelversheim

Weinempfehlung:
Portugieser oder Dornfelder trocken

Dieses rheinhessische Tiramisu besteht aus mit Silvaner beträufelten Löffelbiskuits, Apfelmus und einer zarten Creme.

Rheinhessisches Apfel-Tiramisu

Für 4-6 Personen:
150 g Löffelbiskuits
6 EL halbtrockener Silvaner
350 g Apfelmus
250 g Magerquark
250 g Frischkäse (Halbfettstufe 20 %)
125 ml Milch
3 EL Honig
Kakao zum Bestäuben

Den Boden einer eckigen Auflaufform mit Löffelbiskuits auslegen und mit dem Wein beträufeln. Den Apfelmus darauf verteilen. Quark, Frischkäse, Milch und Honig miteinander verrühren und über den Apfelmus streichen. Die Form in den Kühlschrank stellen und gut durchziehen lassen. Vor dem Servieren mit Kakao bestäuben.
Falls kleine Kinder mitessen, kann der Wein durch Apfelsaft ersetzt werden.

Hedda Hinkel, Weingut Dr. Hinkel, Framersheim

Weinempfehlung:
Silvaner Auslese oder Huxelrebe Auslese

Gebrannte Creme auf Traubenkompott

Für 4-6 Personen:

Kompott:

400 g blaue Trauben (am besten entkernt)
80 g Zucker
25 ml Zitronensaft
4 Blatt Gelatine

Creme:

60 g Zucker
3 Eigelb
3 Eier
250 ml Milch
250 g Creme fraiche
4-6 El brauner Zucker

Die Gelatine in Wasser einweichen. Trauben, Zucker und Zitronensaft ganz kurz aufkochen, die Gelatine dazugeben, das Kompott auf 4-6 tiefe Teller verteilen und erkalten lassen bis das Kompott fest geworden ist.
Die Milch aufkochen. Alle anderen Zutaten bis auf den braunen Zucker mischen und die heiße Milch darüber gießen, abkühlen lassen. Die kalte Creme auf das Kompott geben, die Teller in den Backofen stellen und die Creme bei ca. 100 Grad (Gas Stufe 1, Umluft 95 Grad) ca. 45 Minuten stocken. Die Creme abkühlen lassen, mit dem braunen Zucker bestreuen und kurz unter dem heißen Grill gratinieren.

Annette Grittmann, Weingut Grittmannhof, Osthofen

Weinempfehlung:
Reife Silvaner oder Huxelrebe Auslese

Süsses Kürbisgratin

Für 4 Personen:
1 kg Kürbisfleisch
1 Stange Zimt
2 Sternanis
2 EL Butter
40 g brauner Zucker
2 EL Amaretto
160 g Semmelbrösel
80 g brauner Zucker
40 g Butter

Den Kürbis zerteilen, die Kerne entfernen und den Kürbis schälen. Das Kürbisfleisch in ca. 2 cm dicke Würfel schneiden. Kürbis, Zimt und Sternanis in etwas Wasser 3 Minuten kochen lassen, dann die Gewürze rausnehmen. Die Butter in einer Pfanne erhitzen, den Zucker dazugeben und so lange rühren, bis er geschmolzen ist. Dann den gekochten Kürbis dazugeben, umrühren. Zum Schluss den Amaretto hinzufügen. Eine Auflaufform mit Butter ausstreichen, dann die Kürbismasse hineingeben und mit der Zucker-Semmelbrösel-Mischung bedecken. Das Ganze ca. 15 Minuten bei 200 Grad (Gas Stufe 4, Umluft 180 Grad) im Backofen überbacken.

Birgitt Bettenheimer, Weingut J. Bettenheimer, Ingelheim

Weinempfehlung:
Ruländer Auslese

Weinbergspfirsich Dessert

Für 4 Personen:
4 reife Pfirsiche
100 g Zucker
1 Päckchen Vanillinzucker
125 ml Wasser
250 ml Weißburgunder Beerenauslese
4 Kugeln Nusseis
Himbeermark
Minzeblättchen

Die Pfirsiche halbieren, schälen und mit Wasser, Zucker und Vanillinzucker kurz köcheln lassen. Diesen Pfirsichextrakt mit der Beerenauslese ablöschen. Mit Nusseis und Himbeermark servieren. Den Teller mit den Minzeblättchen dekorieren.

Helga Brenner, Weingut Brenner, Bechtheim

Weinempfehlung:
Weißburgunder Auslese oder Riesling Auslese

Dieser Nachtisch lässt sich gut vorbereiten. Wenn man ihn in einer Glasschüssel serviert, sind die einzelnen Schichten schön zu sehen.

Beeren-Baiser-Creme

Für ca. 10 Personen:
1 kg gemischte Beeren
1 Päckchen roter Tortenguss
ca. 200 g Baiser (gibt es fertig zu kaufen)
400 g Mandelblättchen
100 g Butter
ca. 10 EL Zucker
2 Becher Schlagsahne
500 g Sahnequark oder Mascarpone

Den roten Tortenguss laut Packungsanleitung anrühren und in einen großen Topf geben. Die Beeren dazu geben und das Ganze einmal aufkochen lassen.
Die gebundenen Beeren in eine große Schüssel geben und abkühlen lassen.
Das Baiser auf die abgekühlten Beeren bröseln.
Die Schlagsahne steif schlag und anschließend den Sahnequark (oder Mascarpone) einrühren. Mit etwas Zucker süßen. Nicht zu viel Zucker nehmen, da das Baiser sehr süß ist. Die Quarkmasse auf die Baiserbrösel geben und glatt streichen.
Die Mandeln in der Butter mit ca. 6 EL Zucker (eventuell etwas weniger) goldbraun rösten. Die abgekühlten Mandeln auf die Creme streichen.

Sonja Janß, Weingut Eckelmann-Janß, Guntersblum

Weinempfehlung:
Scheurebe Auslese

Weincreme

Für 4 Personen:
1/2 l Riesling, halbtrocken
4 Eier
180-200 g Zucker
Saft von 1 1/2 Zitronen (nach Geschmack auch etwas Zitronenschale)
1 Päckchen Vanillepuddingpulver
1/4 l Schlagsahne

Wein, Eier, Zucker, Zitronensaft und Puddingpulver in einem großen Topf mit dem Schneebesen gut durchschlagen, unter ständigem Rühren zum Kochen bringen, abkühlen lassen und dabei häufig durchrühren, damit sich keine Haut bildet. Nach dem Abkühlen die Sahne steif schlagen und unter die Masse rühren.

Nanne Schätzel, Weingut Schätzel, Nierstein

Weinempfehlung:
Gereifte Riesling Auslese

Gebackene Griessschnitten mit Weinsauce

Grießschnitten:

1 l Milch
330 g Hartweizengrieß
1 TL Salz
3 Eier
1 Stück Butter
Weckmehl
Butterschmalz zum Backen

Die Milch mit Eiern, Butter, Salz und Grieß verrühren, aufkochen, den Grieß ausquellen lassen und anschließend in eine gefettete, beschichtete Kastenform füllen und kalt stellen
Die Form stürzen, die Grießmasse in 1 cm dicke Scheiben schneiden, in Weckmehl wenden und in Butterschmalz backen.

Weinsauce:

2 Eier
125 g Zucker
1 Päckchen Vanillezucker
Saft und Schale von 1/2 Zitrone
50 g Sahnepuddingpulver
1/2 l Weißwein
knapp 1/4 l Wasser

Puddingpulver mit etwas Wasser anrühren; die restlichen Zutaten mit einem Schneebesen verrühren und unter Rühren zum Kochen bringen. Das angerührtes Puddingpulver einrühren, aufkochen und die Weinsauce kalt stellen. Zu den gebackenen Grießschnitten servieren.

Bernarde Sieben, Weingut Alfons Sieben, Zornheim

Weinempfehlung:
Silvaner Auslese

Puddingauflauf

Für 4-6 Personen:
8-10 Zwieback
ca. 1/4 l warme Milch
ca. 1 kg Äpfel
(oder anderes Obst: z. B. Kirschen, Mirabellen)
2 Päckchen Vanillepudding
1 l Milch
Zucker
2 Eigelb
2 Eiweiß
Zucker

Den Zwieback in der Milch einweichen. Die Äpfel dünsten und in eine gefettete Auflaufform geben. Den Vanillepudding mit der Milch und dem Zucker nach Packungsanleitung kochen. Eigelb in den Pudding rühren und diesen dann über den eingeweichten Zwieback schütten. Eiweiß mit etwas Zucker steif schlagen und über den Pudding geben. 20 bis 25 Minuten im Backofen bei 175 Grad (Gas Stufe 3, Umluft 150 Grad) backen.

Sonja Janß, Weingut Eckelmann-Janß, Guntersblum

Weinempfehlung:
Riesling Spätlese

„Dieses Rezept stammt von unserer Oma Eveline Zimmer. Dieser Kuchen, im Frühjahr mit Rhabarber abgewandelt, fehlt bei uns auf keinem Frühlingsfest."

Traubenkuchen

125 g Butter
100 g Zucker
1 Messerspitze Zimt
1 Messerspitze Salz
1 TL Backpulver
3 Eigelb
250 g Mehl
150 g gemahlene Mandeln
6 Eiweiß
250 g Zucker
750 g Trauben

Aus Butter, Zimt, Salz, Backpulver, den Eigelb und dem Mehl mit der Hand einen Teig herstellen. Diesen Teig gibt man in eine mit Butter bestrichene und mit Weckmehl ausgestreute Springform. Dabei einen kleinen Rand formen. Nun bestreut man den Teig gut mit den gemahlenen Mandeln. Die 6 Eiweiß werden zu Schnee geschlagen, anschließend den Zucker und die Trauben dazugeben, leicht untermengen und auf den Teig streichen. Zuletzt wird der Kuchen bei 175 Grad (Gas Stufe 3, Umluft 150 Grad) ca. 30 Minuten gebacken.

Tipp: Man kann auch den Teig in der Form kurz vorbacken und dann die Traubenmasse einfüllen und ihn fertig backen.

Variante: Gut müsste der Kuchen auch mit Stachelbeeren oder Johannisbeeren schmecken.

Ellen Zimmer, Weingut Hirschhof, Westhofen

Weinempfehlung:
Bacchus Auslese oder Kerner Auslese

Flomborn: Fachwerk-Rathaus mit Kirche.

Zitronen-Aprikosenkuchen mit Zitronenmelisse

Rührteig:

300 g Butter oder Margarine
200 g Puderzucker
6 Eier
300 g Mehl
1 Päckchen Backpulver
125 ml Zitronensaft (Saft von 2 Zitronen)
abgeriebene Schale von 2 Zitronen

Belag:

1 große und 1 kleine Dose Aprikosen

Guss 1:

500 g Schmand
50 g Puderzucker
1 EL Puddingpulver
abgeriebene Schale einer Zitrone
2 EL Zitronensaft
1 Ei
Zitronenmelisseblättchen

Guss 2:

300 ml Aprikosensaft
100 ml Weißwein
2 EL Zitronensaft
50 g Puderzucker
restliches Puddingpulver
Vanilleeis

Die Teigzutaten zu einem Rührteig verarbeiten. Den Teig in die gut gefettete Fettpfanne geben und glatt streichen. Die Aprikosen auf ein Sieb schütten, gut abtropfen lassen und den Teig damit belegen. Bei 175 Grad (Gas Stufe 3, Umluft 150 Grad) 35 Minuten vorbacken.
Die Zutaten für den Guss 1 verrühren und über den vorgebackenen Kuchen verteilen. 10 Minuten weiterbacken; Kuchen auskühlen lassen. Den abgekühlten Kuchen mit Zitronenmelisseblättchen belegen (pro Aprikosenhälfte ein Blatt).
Aus den Zutaten für Guss 2 einen Guss kochen und sofort über den Kuchen verteilen.
Den Kuchen in kleine Stücke schneiden und mit Vanilleeis servieren

Marlene Jacobi-Ewerth, DLR Rheinhessen-Nahe-Hunsrück, Oppenheim

Weinempfehlung:
Riesling Auslese

Rotwein, Kirschen und Schokolade ergänzen sich in der Füllung dieses Rotweinkuchens ganz hervorragend,

Dornfelder Kirschkuchen

Knetteig:

180 g Weizenmehl
1 gestrichener TL Backpulver
80 g Zucker
1 P.äckchen Vanillezucker
1 Prise Salz
1 Ei
80 g Butter

Füllung:

1 Gl.as Sauerkirschen (Abtropfgewicht 350 g)
2 Päckchen Puddingpulver Schokolade
200 g Zucker
750 ml Dornfelder Rotwein

Belag:

500 ml Schlagsahne
1 gestrichener TL Zucker
1 Päckchen Sahnesteif
1/2 gestrichener TL Zimtpulver

Aus den angegebenen Zutaten einen Knetteig zubereiten, 2/3 des Teiges auf den gefettetem Springformboden (Durchmesser 26 cm) ausrollen. Springformrand um den Boden stellen. Übrigen Teig zu einer Rolle formen, als Rand auf den Boden legen und so an die Form drücken, dass ein ca. 3 cm hoher Rand entsteht.
Für die Füllung die Kirschen gut abtropfen lassen. Puddingpulver nach Packungsanleitung, aber nur mit Zucker und Rotwein zubereiten, die Kirschen unterheben, und diese Füllung auf dem Boden verteilen.
Bei 180 Grad (Gas Stufe 3, Umluft 160 Grad) etwa 50 Minuten backen. Den Kuchen in der Form auf einem Kuchenrost über Nacht auskühlen lassen.
Den Kuchen aus der Form lösen. Sahne mit Zucker und Sahnesteif steif schlagen, mit Spritzbeutel auf den Kuchen spritzen oder aufstreichen. Vor dem Servieren mit Zimt bestäuben.

Hiltrud Frieß, Weingut Frieß, Weinolsheim

Weinempfehlung:
Dornfelder trocken

Schneebälle

ca. 20 Stück
7 Eier
5 EL kaltes Wasser
200 g Zucker
200 g Mehl
2 Päckchen Vanillezucker

Aus diesen Zutaten einen Biskuitteig herstellen, auf ein gefettetes Blech streichen und ca. 10-15 Minuten bei 200 Grad (Gas Stufe 4, Umluft 180 Grad) goldgelb backen. Den Biskuit erkalten lassen und zerbröseln.

250 g Magerquark
200 g Crème fraîche
50 g Zucker
1 Flasche Amaretto
400 g Sahne
3 Päckchen Sahnesteif
200 g Kokosraspeln

Aus dem Quark, der Crème fraîche, dem Zucker und dem Amaretto eine Creme rühren. Die Sahne mit dem Sahnesteif steif schlagen und auch unter die Creme heben. Die Biskutbrösel in die Creme geben und verrühren. Aus dieser Mischung Kugeln formen und diese in Kokosraspeln wälzen. Zum Schluss in Papiermanschetten setzen.

Monika Pisacreta, Lippstadt

Weinempfehlung:
Ruländer Auslese

Schokoladen-Weihnachtstorte

Rührteig:

250 g Mehl
2 gestrichene TL Backpulver
250 g Zucker
250 g Butter
1 Päckchen Vanillinzucker
3-5 Tropfen Bittermandelöl
2 EL Weinbrand,
6 Eier
150 g geraspelte Bitterschokolade
50 g geriebene Mandeln
Zum Beträufeln:
1/4 l Weinbrand
Zum Bestreichen:
3-4 EL Aprikosenmarmelade

Guss:

200 g Halbbitter Kuvertüre
100 g Schokoladenguss
Zum Verzieren:
Mandeln, Walnüsse oder Pistazien

Aus den angegebenen Zutaten einen Rührteig bereiten und in einer nur am Boden gefetteten Springform bei 180 Grad (Gas Stufe 3, Umluft 165 Grad) 60-70 Minuten backen.
Die Torte etwa 20 Minuten abkühlen lassen, aus der Form nehmen, auf eine Tortenplatte setzen und nach und nach mit dem Weinbrand begießen. Die Torte dann mit der erhitzten und glatt gerührten Marmelade bestreichen, mit der geschmolzenen Schokolade überziehen und mit Mandeln, Nüssen oder Pistazien verzieren.

Ulrike Wechsler-Engel, Weingut Wechsler-Engel, Flörsheim-Dalsheim

Weinempfehlung:
Spätburgunder trocken

Für diese Zwetschentorte wird ein sehr feiner, vollwertiger und saftiger Teig mit Zwetschen belegt.

Zwetschentorte

700 g Zwetschen
125 g Butter
125 g weicher Honig
1 Messerspitze Naturvanille
2 Eier
180 g frisch gemahlenes Dinkelvollkornmehl
1 1/2 TL Weinsteinbackpulver
100 g gemahlene Mandeln

Weiche Butter, Honig und Vanille schaumig rühren; die Eier einzeln unterrühren. Mehl, Backpulver und Mandeln mischen und unterheben.
Eine Springform (24 cm Durchmesser) mit etwas Butter einfetten, Teig einfüllen, glattstreichen.
Die entsteinten Zwetschen mit der Schnittfläche nach oben schuppenförmig drauflegen.
Ca. 40-60 Minuten bei 180 Grad (Gas Stufe 3, Umluft 165 Grad) auf der mittleren Schiene backen.

Liesel Schmitt, Weingut Axel Schmitt, Ober-Hilbersheim

Weinempfehlung:
Kerner Spätlese

Obstverkauf in der „Erdbeere“ in Mainz Drais.

Erdbeer-Joghurt-Torte

Biskuitboden:

3 Eier
120 g Zucker
150 g Mehl
1 Teelöffel Backpulver
500- 800 g Erdbeeren

Füllung:

500 g Naturjoghurt
Zitronensaft
225 g Zucker
12 Blatt Gelatine
2 Eiweiß
2 Becher Sahne

Aus den Eiern, dem Zucker und dem mit Backpulver vermischten Mehl einen Biskuitteig rühren und bei 200 Grad (Gas Stufe 3-4, Umluft 180 Grad) in 10-15 Minuten backen. Den ausgekühlten Boden dicht an dicht mit Erdbeeren belegen.
Den Joghurt mit Zucker und Zitronensaft schaumig rühren. Die aufgelöste Gelatine unter die Masse geben. Anschließend den Eischnee und die steif geschlagene Sahne unterheben. Einen Tortenring um die Torte legen, und die Creme gleichmäßig auf dem Erdbeerboden verteilen. Wenn die Creme fest ist, den Tortenring abnehmen und die Torte mit Erdbeeren und Sahne verzieren.

Petra Mees, Weingut Kirchberg Hof, Stein-Bockenheim

Weinempfehlung:
Portugieser Weißherbst

Madeleine Kuchen

275 g Butter
275 g Zucker
4 Eier
275 g Mehl
10 g Zimt
3 Messerspitzen gemahlene Nelken
200 g Rosinen
30 g Mandelblätter

Aus den Zutaten einen Rührteig herstellen, zum Schluss die Rosinen zugeben. Eine Kuchenform (Durchmesser 30 cm) fetten und dünn mit Mehl ausstreuen. Den Madeleine-Kuchen bei 180 Grad (Gas Stufe 3, Umluft 165 Grad) ca. 20-30 Minuten backen. Nach dem Backen mit Wasser bespritzen, mit Mandeln und etwas Zucker bestreuen.

Ranka Fuchs, Weingut Mann-Fuchs, Mölsheim

Weinempfehlung:
Gereifte Riesling Auslese oder Beerenauslese

Eine Torte für besondere Anlässe, die ein wenig Arbeit macht, aber, so schreibt Marianne Schmitt: „Sieht toll aus - schmeckt noch toller!!!"

Dornfelder Kuppeltorte

Biskuitrolle:

5 Eiweiß
80 g Zucker
5 Eigelb
Saft einer Zitrone
50 g Mehl
50 g Stärkemehl
1 TL Backpulver
ca. 200 g Rotweingelee

Eiweiß mit der halben Zuckermenge zu schnittfestem Schnee schlagen. Eigelb mit Zitronensaft und dem restlichen Zucker schaumig rühren. Die Eigelbmasse vorsichtig unter die Eiweißmasse ziehen. Mehl, Stärkemehl und Backpulver mischen, über den Teig sieben und vorsichtig unterheben, auf keinen Fall rühren. Teigmasse sofort auf ein mit Pergamentpapier ausgelegtes Kuchenblech geben und bei 200 Grad (Gas Stufe 3-4, Umluft 180 Grad) ca. 12 Minuten backen. Danach die Teigplatte sofort auf ein gezuckertes Handtuch stürzen und das Pergamentpapier abnehmen. Das leicht erwärmte Rotweingelee auf der Teigplatte verteilen und mit Hilfe des Tuches sofort aufrollen. Auf einem Kuchengitter auskühlen lassen. Diese Teigrolle in 18 Stücke (1 cm Stärke) schneiden und eine Kuppelform damit auslegen.

Biskuitteig:

4 Eigelb
180 g Zucker
1 Päckchen Vanillezucker
4 Eiweiß
50 g Mehl
100 g Speisestärke
3 gestrichene TL Backpulver

Aus diesen Zutaten einen Biskuit-Tortenboden herstellen (gleicher Arbeitsablauf wie die Herstellung der Biskuitrolle oben) und den Teig in die vorbereitete Springform füllen, glatt streichen und auf der mittleren Einschubleiste des Backofens ca. 25 - 30 Minuten bei 200 Grad (Gas Stufe 3-4,

Umluft 180 Grad) backen. Man muss beachten, dass der Durchmesser der Tortenbodenform mit demjenigen der Kuppelform übereinstimmt. Biskuitboden nach dem Erkalten ebenfalls mit dem Rotweingelee dünn bestreichen.

Creme:

6 Blatt Gelatine (3 weiß, 3 rot)
1/8 l Dornfelder
200 g Rotwcingelee
eventuell etwas Zucker
2 Becher Sahne

Die Gelatine in dem Rotwein einweichen und bei geringer Wärmezufuhr im Topf glattrühren – auf keinen Fall kochen lassen.
Die Sahne steif schlagen und das Rotweingelee untermischen, die abgekühlte Gelatine-Dornfelder-Flüssigkeit dazugeben, nach Bedarf etwas Zucker und sofort in die mit den Biskuitrollenscheiben ausgelegte Kuppelform einfüllen. Den Tortenboden daraufsetzen. Wenn alles erkaltet ist, am besten einen Tag später, die Torte auf eine Tortenplatte stürzen. Mit steif geschlagener Sahne und eventuell mit Rotweingelee dekorieren.

Marianne Schmitt, Weingut Christophorus-Hof, Mainz-Hechtsheim

Hefeteigkranz mit Schokoladenfüllung

Für den Teig:

500 g Mehl
1 Würfel Hefe
250 ml Milch
100 g zerlassene Butter
4 EL Sonnenblumenöl
80 g Zucker
2 Eier
1 Eiweiß
1 Prise Salz

Für die Füllung:

250 g Kakao
500 g Zucker
250 g Butter

Zum Bestreichen:

1 Eigelb
1 EL Kondensmilch

Das Mehl in eine Schüssel geben und in einer Mulde die Hefe mit etwas lauwarmer Milch, Zucker und Salz anrühren und ca. 15 Minuten gehen lassen. Danach die restlichen Zutaten einarbeiten. Den Teig nochmals gehen lassen, bis er sich sichtbar vergrößert hat.
Nochmals gut durchkneten.
Den durchgekneteten Teig ausrollen und mit Kakao und Zucker bestreuen. Jetzt die Butterwürfel darauf verteilen. Den Teig einrollen und in eine Stollenform geben. Das Eigelb mit der Kondensmilch verrühren und auf den Stollen streichen. Den Teig jetzt nochmal gehen lassen.
Nach dem Gehen in den Backofen stellen und bei 180 Gard (Gas Stufe 3, Umluft 165 Grad) ca. 1 Stunde backen.

Helga Brenner, Weingut Brenner, Bechtheim

Weinempfehlung:
Huxelrebe Auslese

Schwabsburger Burger

Für 1 Person:
1 Kaiser- oder Hamburger-Brötchen
2 EL Remoulade
2 Salatblätter
1 Scheibe Bratwurst aus der Dose
Mehl, Eigelb, Semmelbrösel
etwas Öl
Tomatenscheiben
Gurkenscheiben
Zwiebelringe

Das Brötchen halbieren, die beiden Hälften mit Remoulade bestreichen und mit je einem Salatblatt belegen.
Eine Scheibe Bratwurst aus der Dose in Mehl, Eigelb und Semmelbröseln panieren und auf beiden Seiten anbraten.
Diese Scheibe dann auf die untere Brötchenhälfte auf das Salatblatt legen.
Mit Tomaten-, Gurken- und Zwiebelscheiben belegen.
Deckel drauf - fertig!

Doris Huff, Weingut Fritz Ekkehard Huff, Nierstein-Schwabsburg

Feiner Kräuterquark

500 g Speisequark
1 Becher Sahne
1 Becher Schmand
Kräuter wie Petersilie, Borretsch, Schnittlauch, Dill, Sauerampfer, Pimpernelle
1-2 Knoblauchzehen

Kräuter waschen, trocken schleudern und hacken. Mit den übrigen Zutaten verrühren und mit Knoblauch und etwas Salz abschmecken.

Heidrun Gebert, Weingut Gebert, Siefersheim

Passen vor einem festlichen Essen zum Aperitif oder zum Sektempfang:

Spargel-Mousse-Kräcker

Für 8-10 Personen:
250 g Spargel
100 g Sahne
4 Blatt Gelatine
Salz, Pfeffer
1 Bund Dill
150 g Kräcker

Spargel waschen, schälen und garen, im Mixer pürieren. Ein halbes Bund Dill waschen und fein hacken. Sahne steif schlagen, unter die Spargelmasse heben. Blattgelatine auflösen und unter die Spargelsahne rühren, mit Dill, Salz und Pfeffer abschmecken. Spargelmousse in einen Spritzbeutel füllen und auf Kräcker spritzen, mit Dillwedeln garnieren.

Jutta Ahl, Weingut Wechsler Erben, Osthofen

Riesling Gugelhupf

30 g Hefe
4 EL Milch
500 g Mehl
2 Eier
200 ml halbtrockener Riesling
150 g Butter
1 TL Salz
150 g mild geräucherter Schinkenspeck
100 g Walnüsse, fein gehackt
(oder geriebener Emmentaler)
eventuell gehackte Kräuter

Die Hefe mit einer Prise Zucker in 4 EL Milch anrühren und gehen lassen. Das Mehl und die Eier unterrühren, dann den lauwarmen Wein dazugeben. Den Teig gründlich kneten und klopfen, damit er gut durchlüftet ist. Dann die zimmerwarme Butter einarbeiten und den Teig nochmal 45-60 Minuten gehen lassen. Den klein geschnittenen Schinken, das Salz und die Walnüsse einarbeiten.
Eine Gugelhupf-Form buttern und mit Mehl ausstäuben (eventuell mit gehackter Petersilie bestreuen), den Teig einfüllen und eventuell mit Kräutern bestreuen.
Im vorgeheizten Backofen 45 Minuten lang bei 180 Grad (Gas Stufe 3, Umluft 165 Grad) backen.

Dagmar Menger, Weingut Menger , Eich

Das Labyrinth bei Framersheim.

Grüner Spundekäs'

500 g Doppelrahm Frischkäse
200 g Magerquark
1 kleine Zwiebel, fein gewürfelt
Salz, Pfeffer
1 Bund krause Petersilie
1 Bund glatte Petersilie
1 Bund Dill
1 Bund Schnittlauch
Basilikum (oder wahlweise andere Kräuter der Saison)

Alle Kräuter waschen, trocken schleudern und sehr fein mit dem Wiegemesser hacken. Alle Zutaten zusammenrühren bis eine geschmeidige Masse entsteht.

Nanne Schätzel, Weingut Schätzel, Nierstein

Mürbe Käseplätzchen

250 g Gouda oder Emmenthaler
250 g Butter
250 g Mehl

Den Käse fein reiben und mit den übrigen Zutaten zu einem Teig verkneten. Mit einem Teelöffel walnussgroße Häufchen auf ein mit Backpapier ausgelegtes Backblech setzen und bei 200 Grad (Gas Stufe 4, Umluft 180 Grad) 10-12 Minuten lang backen.
Dazu wird Quark gereicht.

Margitt Lahr, Weingut Rolf Lahr, Offstein

„Super schnell!", schreibt Ulrike Wechsler-Engel zu diesem Rezept.

Käsegebäck

250 g Mehl
4 TL Backpulver
50 g Butter
2 Eier
150 g geriebener Käse
4 EL Milch
Salz, Pfeffer, Paprikapulver
eventuell 2 EL Kürbiskerne zum Bestreuen

Die Zutaten zu einem schwer reißenden Teig verarbeiten, mit einem Teelöffel kleine Häufchen auf ein Blech setzen (nicht zu dicht) und bei 180 Grad (Gas Stufe 3, Umluft 160 Grad) ca. 20 Minuten backen.

Ulrike Wechsler-Engel, Weingut Wechsler-Engel, Flörsheim-Dalsheim

Sauerkrautbrötchen rechts und links flankiert von Käseplätzchen (Rezept S. 122).

„Super lecker zum Wein!", schreibt Frau Wechsler-Engel.

Sauerkrautbrötchen

200 g Sauerkraut
300 g Schinkenspeck
1 Würfel Hefe
1 TL Zucker
1/2 TL Salz
1/2 l Milch
1 Ei
6 EL Öl
1kg Mehl

Das Sauerkraut in kleine Stücke schneiden; den Speck würfeln und andünsten, abkühlen lassen. Aus den restlichen Zutaten einen Hefeteig bereiten und das Sauerkraut und den Speck unterkneten.
Daraus ca. 25 Brötchen formen, gehen lassen und bei 180 Grad (Gas Stufe 3, Umluft 160 Grad) ca. 20 Minuten backen.

Ulrike Wechsler-Engel, Weingut Wechsler-Engel, Hörsheim-Dalsheim

Zucchiniaufstrich

1 kg kleine grüne Zucchini
2 TL Meersalz
2-3 mittelgroße Zwiebeln
ca. 300 ml Olivenöl
2 Bund glatte Petersilie
Salz und Pfeffer

Die Zucchini mit einer feinen Reibe oder in der Küchenmaschine fein (1 mm) raspeln und mit dem Meersalz vermischen. Ca 15 Minuten stehen lassen, dann das Wasser mit den Händen ausdrücken.
Die Zwiebeln fein würfeln und zusammen mit der Zucchinimasse portionsweise in heißem Öl unter ständigem Wenden so lange braten (eventuell noch etwas Öl zugeben), bis die Masse geschmeidig wird und anfängt braun zu werden (ca. 10-15 Minuten). Nach dem Abkühlen die fein gehackte Petersilie zugeben und mit Pfeffer und Salz abschmecken. Schmeckt gut auf herzhaftem Vollkornbrot.

Nanne Schätzel, Weingut Schätzel, Nierstein

„Schmeckt auf Vollkornbrot als Vorspeise, auf der Käseplatte und zur Weinprobe."

Kräutercreme

500 g Magerquark
300 g Sahnefrischkäse
2 Becher Schmand
1-2 Zehen Knoblauch
Salz, Pfeffer, Muskatnuss
1-2 EL mittelscharfer Senf
etwas Schabzigerklee (aus dem Reformhaus)
1 Bund Frühlingszwiebeln oder Winterheckezwiebeln
2 Hände voll Petersilie, Estragon, Pimpernell, Zitronenthymian, Sauerampfer, Melisse, Borretsch, wenig Oregano, Bohnenkraut, Tripmadam und was sonst noch iso m Kräutergarten wächst.

Quark, Frischkäse, Schmand, gepressten Knoblauch und Senf mit Mixstab verrühren und mit den Gewürzen abschmecken. Die gewaschenen und getrockneten Kräuter fein hacken und unterheben.

Liesel Schmitt, Weingut Axel Schmitt, Ober-Hilbersheim

Nichts ist schöner als im Winter aus der Kälte zu kommen und dann so einen aromatischen, heißen Punsch zu trinken!

Dornfelder-Punsch

Für 3 l Punsch:
1 l Dornfelder Rotwein
1/2 Flasche Orangensaft
1/2 Flasche schwarzer Johannisbeersaft
1 l schwarzer Tee
ca. 150 g Honig oder Zucker
1/8 l Rum
1 Stange Zimt
6 Gewürznelken
Saft und abgeschälte Schale einer unbehandelten Zitrone

Rotwein und Säfte erhitzen (nicht kochen), frisch gekochten Tee zufügen, Honig oder Zucker unterrühren. 2 EL Zitronensaft zufügen, Zimt und Nelken in einem Stoffsäckchen oder Teeei in den Punsch hängen. Mit Zitronenschale in Form einer Spirale garnieren.

Liesel Schmitt, Weingut Axel Schmitt, Ober-Hilbersheim

Die Kräuterblütenbutter sieht traumschön aus und schmeckt auch sehr gut:

Kräuterblütenbutter

1 Tasse gemischte Kräuterblüten (z.B. Schnittlauch, Basilikum, Oregano, Ringelblumen)
einige rote Basilikumblätter
250 g weiche Butter
3 TL Zitronensaft
Pfeffer und Salz
einige Borretschblüten zum Garnieren

Die Blüten und die Blätter waschen und vorsichtig trocken tupfen. Die Blütenblätter von Schnittlauch und Ringelblumen abzupfen und mit einem scharfen Messer fein hacken. Die Butter mit dem Zitronensaft in einer Schüssel mit einem Holzlöffel glatt rühren, die Blüten unterrühren, mit Pfeffer und Salz abschmecken.

Heidrun Gebert, Weingut Gebert, Siefersheim

Schmeckt sehr gut zu Rindfleisch und Meerrettich oder zur Käseplatte (ausprobieren!).

Kirschen süss-sauer

2,5 kg Sauerkirschen
2,5 kg Zucker
Essig

Die Kirschen entkernen, mit so viel Essig übergießen, bis die Kirschen gut bedeckt sind. Über Nacht stehen lassen. Morgens abschütten, gut abtropfen lassen, und die Kirschen in einer Schüssel mit dem Zucker vermischen. Die Kirsch-Zucker-Mischung in Schraubgläser füllen und in die Sonne stellen. Gläser ab und zu umdrehen.
Wenn sich der Zucker aufgelöst hat, halten sich die süß-sauren Kirschen dunkel und kühl aufbewahrt mindestens ein Jahr lang.

Ute Metz-Flick, Bornheim

Die Zwetschen mit Schwips passsen sehr gut zu Vanilleeis mit Sahne.

Zwetschen mt Schwips

1,5-2 kg Zwetschen
1/8 l Wasser
400 g Zucker
ca. 1/8 l Zwetschenwasser

Die Zwetschen waschen und ringsum eimstechen. Das Wasser mit dem Zucker zum Kochen bringen und die Zwetschen, nachdem sich der Zucker vollkommen gelöst hat, portionsweie in den Sud geben, aufkochen, vom Herd nehmen und 3 Minuten ziehen lassen. Die Zwetschen in kleine Gläser schichten und mit Zwetschenwasser auffüllen bis die Zwetschen bedeckt sind.
Die verschlossenen Gläser kühl aufbewahren; die Zwetschen halten sich etwa 3.5 Monate.

Ute Metz-Flick, Bornheim

S

T

U

V

W

Z

Mainz Helau! Handbuch zur Mainzer Fastnacht

Alles, was Sie schon immer über die Mainzer Fastnacht wissen wollten: Seit wann gibt es Zugplakettchen? Warum hat die Zahl Elf so eine große Bedeutung? Was hat es mit den Schwellköppen auf sich? Welches sind die traditionsreichsten Garden? Bei welchen Anlässen gab es Prinzenpaare? Wie hat sich die Fastnacht in den letzten 20 Jahren entwickelt? Wie sieht das Fest künftig aus? Welchen Einfluss haben Medien und Wirtschaft?

Günter Schenk, einer der besten Kenner der Mainzer Fastnacht und Autor vieler Publikationen zur Geschichte des Festes, gibt neue Einblicke ins alte Narrentreiben. In mehr als 50 Kapiteln, mit über 100 Abbildungen und in einer detaillierten Chronik geht er informativ und unterhaltsam immer wieder der Frage nach: Wie hat sich die Mainzer Fastnacht seit ihren Anfängen verändert? - Mainz Helau! ist ein unverzichtbares Handbuch für alle, die mehr über die Mainzer Fastnacht wissen wollen!
176 Seiten, 105 SW-Abb., Hardcover, € 14,90, ISBN 3-937782-07-9

Rheinhessen für Groß und Klein. Natur, Kultur und Abenteuer für die ganze Familie

„Was machen wir denn heute?" Mit Stefanie Jungs Familien-Ausflugsführer ist diese Kinderfrage kein Problem mehr: Wanderungen, Fahrradtouren, Museumsbesuche und viele Geheimtipps (egal ob zum Schwimmen oder zur Naturbeobachtung) geben Anregungen für tolle Touren zwischen Worms, Bingen und Alzey – auch mit den Kleinsten oder mit den Großeltern! – Mit einem ausführlichen Anhang: Adressen, Öffnungszeiten, Tipps für Unternehmungen bei schlechtem Wetter u.v.a.m.
160 Seiten, 100 Farbfotos, Taschenbuch, 13,90 € ; ISBN 3-937782-05-2

Ulrike Neradt: Wie en Spatz in de Kniddele
Die beliebte Fernsehmoderatorin Ulrike Neradt erzählt in ihrem ersten Buch von ihrer Kindheit und Jugend im Rheingau: warmherzig, pointiert und in Rheingauer Mundart
96 Seiten, 10 S/W-Fotos, Hardcover, 9,90 €, ISBN 3-937782-06-0

Leinpfad-Verlag –
der kleine Verlag mit dem großen regionalen Programm!

Leinpfad Verlag, Leinpfad 5, 55218 Ingelheim
Tel. 06132/8369, Fax: 896951
E-Mail: info@leinpfadverlag.de
www.leinpfad-verlag.de